Ludwig Nohl
Mozart. Eine Biografie

AF131847

SEVERUS Verlag

Nohl, Ludwig: Mozart. Eine Biografie. 2021
Neuauflage der Ausgabe von 1921
ISBN: 978-3-96345-290-1

Satz: Friederike Grube

Umschlaggestaltung: Annelie Lamers, SEVERUS Verlag
Umschlagmotiv: www.pixabay.com

Bibliografische Information der Deutschen Nationalbibliothek: Die Deutsche Nationalbibliothek verzeichnet diese Publikation in der Deutschen Nationalbibliografie; detaillierte bibliografische Daten sind im Internet über https://dnb.de abrufbar.

Der SEVERUS Verlag ist ein Imprint der Bedey & Thoms Media GmbH,
Hermannstal 119k, 22119 Hamburg
_____
SEVERUS Verlag, 2021
http://www.severus-verlag.de
Gedruckt in Deutschland
Der SEVERUS Verlag übernimmt keine juristische Verantwortung oder irgendeine Haftung für evtl. fehlerhafte Angaben und deren Folgen.

Ludwig Nohl

Mozart. Eine Biografie
Mit Briefen und nacherzählten Dialogen vom Musikwissenschaftler Ludwig Nohl

Inhalt

1. Die Kindheit und die Jugendreisen

Wolfgang Amade Mozart ist am 27. Januar 1756 in Salzburg geboren. Sein Vater Leopold stammte aus einer bürgerlichen Familie der damaligen freien Reichsstadt Augsburg und war in die Fürsterzbischöfliche Residenz Salzburg gekommen, weil dort eine gute Universität war, denn er wollte die Rechte studieren. Wie er sich aber schon während dieses Studiums durch Musikunterricht zu erhalten hatte, so musste er bald ganz in fremde Dienste treten: er ward Kammerdiener eines Domherrn Graf Thurn und später zuerst Hofmusikus, dann Kapellmeister des Erzbischofs. Im Jahre 1747 hatte er die Pflegetochter eines nahen geistlichen Stifts geheiratet; beide galten ihrer Zeit für das schönste Ehepaar in Salzburg. Von sieben Kindern blieben ihnen zwei, Maria Anna genannt *Nannerl* und unser Wolfgang, der meist *Woferl* genannt ward. Die Schwester war etwa fünf Jahre älter und beide zeigten von Kindheit an ganz außerordentlichen Musiksinn.

Ein alter Hausfreund erzählt, sobald Mozart mit Musik sich abzugeben begonnen, seien alle seine Sinne für alle übrigen Geschäfte so gut wie tot gewesen. Ja selbst die Kindereien und Spiele mussten, wenn sie für ihn interessant sein sollten, mit Musik begleitet sein: »wenn wir Spielzeuge von einem Zimmer ins andere trugen, musste allemal der von uns, so leer ging, einen Marsch dazu singen oder blasen.« »Ich ward ihm daher«, heißt es weiter, »weil ich mich mit ihm abgab, so äußerst lieb, dass er mich oft zehnmal an einem Tage fragte, ob ich ihn lieb habe, und wenn ich es zuweilen auch nur zum Scherz verneinte, standen ihm gleich die hellichten Zähren im Auge, so zärtlich und wohlwollend war sein gutes Herzchen.«

Stolz und Ehrsucht, so vernehmen wir hier ferner, verriet er nicht, aber er wollte stets nur vor großen Musikkennern spielen und wenn man ihn auch nur darin betrog. Er lernte, was irgend ihm der Papa aufgab, und hing allem, was er tat, so ganz an, dass er alles Übrige, sogar die Musik, beiseitesetzte. Er war schon als Kind voll Feuer und Lebhaftigkeit, und hätte er nicht die vortreffliche Erziehung seines ernstgesinnten strengen Vaters gehabt, er hätte der ruchloseste Bösewicht werden können, so empfindlich war er für jeden Reiz, dessen Güte oder Schädlichkeit er zu prüfen noch nicht im Stande war.

Schon im fünften Jahre komponierte er in sein Übungsbuch, das man noch heute im Mozarteum in Salzburg sehen kann, ebenfalls kleine Menuetten, und einstmals trafen ihn der Papa und der Hausfreund gar bei der Komposition eines Konzertes an, das aber so schwer war, dass es kein Mensch hätte spielen können. Sein Gehör war so fein, und sein Musikgedächtnis von Kindheit an so sicher, dass er sich beim Spiel seiner kleinen Violine erinnerte, dass des Hausfreundes »Buttergeige« um einen halben Viertelston tiefer gestimmt war. Darum konnte er als Kind den Trompetenton nicht ertragen und bekam, als einmal der Vater dennoch die Probe machte, heftige Krämpfe.

Bald war seine musikalische Fertigkeit so weit, dass er die meisten Sachen vom Blatt spielte. Ebenso war Nannerl schon früh ganz ungemein vorgeschritten und deshalb begann der Vater im Jahre 1762, als sie sechs und zehn Jahre alt waren, mit den Kindern zu reisen, um, wie er sagte, der Welt dieses Wunder Gottes zu zeigen.

Der nächste Ort war München, damals wie heute die eigentliche Hauptstadt Süddeutschlands, dann die Kaiserstadt. Maria Theresia wie ihr Gemahl und ihre Kinder waren sehr musikalisch. Sie nahmen die Kinder in echt deutscher Herzlichkeit auf und Woferl sprang denn auch der Kaiserin ohne weiteres auf den Schoß und küsste sie. Zu Marie Antoinette aber, die ihm von dem glatten Fußboden aufgeholfen hatte, sagte er: »Sie sind brav, ich will Sie heiraten«. Der jüngste Sohn, der schöne und liebenswürdige Erzherzog *Maximilian*, war mit Mozart gleichaltrig, er blieb stets sein Freund und ward auch später der Gönner Beethovens. In den Kleidern dieser jungen kaiserlichen Kinder gemalt hängen Woferl und Nannerl im Mozarteum: sein seelenvolles Auge und ihre knospende Schönheit haben einen unvergleichlichen Reiz.

Jetzt lernte er, sechs Jahre alt, auch Violine spielen und der Vater ließ nicht nach, ihm in jeder Weise den besten musikalischen Unterricht zu geben. Denn er war selbst ein tüchtiger Komponist und hat eine Violinschule geschrieben, die ihrer Zeit berühmt war und auch übersetzt wurde. Und zwar ging dies auf den Reisen in völlig gleicher Weise

6

fort, sogar das Orgelspiel trat bald dazu. Zunächst war im Sommer 1763 Süddeutschland der Schauplatz dieser kleinen Wundertaten. In Heidelberg fuhren die jungen Füße mit einer solchen Geschwindigkeit auf dem Pedal umher, dass der Pfarrer dieses Wunder an die Orgel selbst anschrieb. In Frankfurt hörte ihn *Goethe* und gewann damit einen Maßstab für alle später auftretenden Talente in der Musik: seine Spätjahre schauten bekanntlich den ähnlich musikbegabten Knaben Felix Mendelssohn. In Paris war der Hof gleicherweise huldvoll. Doch als der kindlich unbefangene Woferl die geschminkte Pompadour ebenfalls umhalsen wollte, geschah ein Abweisen der Zärtlichkeit, so dass er empfindlich ausrief: »Wer ist denn die da, dass sie mich nicht küssen will? Hat mich doch die Kaiserin geküsst!« Auf Maria Theresia hielt er überhaupt große Stücke und sein Herz blieb zeitlebens, wie wir noch sehen werden, »gut kaiserlich«.

Die Prinzessinnen waren umso liebenswürdiger und kehrten sich nicht an die Etikette. Alles war erstaunt, ein solches Kind jeden Ton nach dem Gehör bezeichnen zu hören, ohne Klavier komponieren und nach dem bloßen Gehör zum Gesang begleiten zu sehen, und Beifall wie Einnahme waren überall glänzend.

Noch günstiger war darauf im Jahre 1764 die Aufnahme in London, denn das Königspaar selbst war deutsch und *Händel* hatte den Sinn für gute Musik dort dauernd begründet, während die französische Musik unseren Reisenden damals leer und frostig vorkam, ein »langweiliges Geplärr«. So war denn der Aufenthalt auch sehr lang in England und der Vater benutzte die Gelegenheit des Unterrichts eines guten italienischen Sängers für Woferl, der denn auch bald die damals alles beherrschende »wälsche« Weise selbst ganz beherrschte. In London schrieb Mozart auch seine ersten Symphonien.

Die Rückreise im Jahre 1765 ging über Holland, wo beide Kinder lebensgefährlich krank wurden und der Vater seine Kraft zu einer so schweren Aufgabe wie der Erhaltung und Erziehung eines solchen Knaben zugleich erproben und stärken lernte. Sogar in den Fasten durfte er dann aber auch in Amsterdam »zu Gottes Preis« die Wundergaben seines Sohnes zeigen und kam endlich nach mehr als zweijähriger Reise weniger mit Geld als mit Ruhm für die Kleinen bedeckt im Herbst 1766 nach Salzburg zurück.

Dieses frühe Reisen hatte für Mozart selbst viel Vorteil. Er lernte Menschen und Dinge kennen, – denn auf alles machte der Vater aufmerksam, sogar ein Tagebuch musste geführt werden, – er entwöhnte sich kindischer Blödigkeit und gewann offenen Sinn für alle menschlichen Verhältnisse. Er hörte die Musik der verschiedenen Nationen und lernte so die Weise finden, die jedes Herz versteht, die *Melodie*, die Sprache der menschlichen Seele. Für seine Kunst war ihm auch der feine Ton der damaligen vornehmen Welt von Gewinn: wenn die herrliche Landschaft seiner Heimat den natürlichen Schönheitssinn geweckt und die künstlerische Anlage der Stadt mit ihren zahlreichen Kirchen und Palästen denselben seiner gebildet hatte, so war die Mannichfaltigkeit der Lebens- und Kunsteindrücke dieser weiten Jugendreisen ein Hauptgrund, dass Mozarts Musik so früh etwas unmittelbar Anziehendes, etwas harmonisch Schönes und Allverständliches bekam. Völlig entwickelte diese Seite seiner Kunst aber erst der wiederholte lange Aufenthalt im Lande der Schönheit selbst, wo Mozart seine angehende Jünglingszeit zubrachte, in *Italien*.

Denn lange hielt es den Vater nicht in Salzburg, die Verhältnisse waren dort für sie zu eng, und musste nicht der Knabe selbst stets lebhafter den Drang fühlen, der Welt seine Kunst zu zeigen? Hatte doch der Londoner *Bach*, ein Sohn des großen Leipziger Kantors Seb. Bach, dessen Einwirkung auf Mozart uns noch begegnen wird, über ihn ausgerufen, mancher Kapellmeister sterbe ohne das zu wissen, was dieser Knabe schon jetzt wisse! Die Vermählung eines Erzherzogs zog die Familie im Jahre 1768 zunächst wieder nach Wien. Aber hier ging dem Vater erst völlig die Einsicht auf, dass nur Italien der entsprechende Tummelplatz dieses jungen Genius sei. Zwar hatte Kaiser Joseph ihm in der Tat den Auftrag einer italienischen Oper gegeben, – es war la **finta semplice**, »die verstellte Einfalt«, – und eine feierliche Messe zur Einweihung einer Kirche dirigierte der zwölfjährige Knabe selbst, was einen solch tiefen Eindruck auf sein Gemüt machte, dass er noch zwanzig Jahre später von dieser erhabenen Wirkung seiner Kirche zu erzählen wusste. Auch eine deutsche Operette »Bastien und Bastienne« gewann sich wenigstens eine Privataufführung. Aber mit dieser ersten italienischen Oper erfuhr Mozart auch zuerst jenen bösen Neid der Fachkollegen, der später dazu beitragen sollte sein Leben zu verkümmern und zu frühem Ende zu führen. »So muss man sich in der Tat durchraufen«, schreibt der Vater. »Hat der Mensch kein Talent, so ist er unglücklich genug; hat er Talent, so verfolgt ihn der Neid nach dem Maße seiner Geschicklichkeit.« Die Feinde und Neider wussten es durchzusetzen, dass das Werk gar nicht zur Aufführung kam, und so war der Vater doppelt darauf bedacht, des Sohnes Talent jetzt endlich auch dort zu zeigen, wo derselbe sich nach eigenem Geständnis am meisten verstanden gefühlt und den höchsten Ruhm seiner Jugend gewonnen hat.

Italien ist das Mutterland der Musik und war obendrein damals das Eldorado der Komponisten. Die Kirche hatte die Musik erzogen, mit ihr kam sie auch in germanische Lande und von dort später bereichert zurück. Der Römer *Palestrina* bildet ihren ersten monumentalen und klassischen Höhepunkt. Nach ihm brach in die katholische Kirchenmusik, deren volles Ideal er ist, der Charakter des Weltlichen und sogar Theatralischen ein, und zwar durch die Entstehung der *Oper*, die ihr Dasein der neu auftauchenden Antike, vor allem der griechischen Tragödie verdankte. Die reine Musik, zu der auch der Chorgesang zu rechnen ist, bildete sich zunächst auf der Grundlage des protestantischen Chorals an dem Orgelspiel und Chorgesang weiter und erreichte in jenem deutschen *Sebastian Bach* ihren ersten Höhepunkt der Klassizität in der neueren Zeit. Sein Landsmann und Zeitgenosse *Händel* dagegen verharrte vorzugsweise auf dem Gebiete der Oper, und nachdem er darin auf wälschem Boden große Triumphe gefeiert, erhob er sich zu seiner vollen Größe im geistlichen Drama, im *Oratorium*. Die Welt hing damals am Theatralischen, und dessen Mittelpunkt war für die Oper das Land, welches einst die Musik geboren. Wie seinerzeit die größten Tonsetzer, so hatte Italien jetzt wenigstens die größten und berühmtesten Sänger, und ein einziger Sieg hier eröffnete die Schranken des ganzen gebildeten Europa. »Also auf und dahin!« musste es in dem Vater rufen, als er das Kompositionstalent des Sohnes in Deutschland nicht in dem Maße anerkannt sah, wie es demselben schon damals gebührte und wie es Mozarts Virtuosität nirgends vorenthalten wurde.

Wir können nun die Einzelnheiten dieser Reise übergehen, – es waren die gleichen Wundertaten, die wir schon kennen, und einmal in Neapel musste der Knabe sogar einen Ring vom Finger abnehmen, weil man diesem solch zaubergleiche Kunst zuschrieb, – man findet wie die vorigen Reisen so diese ausführlich in meinem demnächst erschienenen Buche »*Mozart*. Nach den Schilderungen der Zeitgenossen.« Wir folgen hier dem entscheidenden Entwickelungsgange dieses seltenen Künstlers und verzeichnen nur, was ihn als denselben erhalten und zu demselben zu machen geholfen hat.

Zu Ende des Jahres 1769, wo also Mozart nahezu vierzehn Jahre alt war, ging es durch Tyrol ins Land der milderen Lüfte und der süßen Melodien. Überall zunächst wieder grenzenlose Bewunderung dieses Talentes! In Verona hatten sich die Beiden, die fortan ohne Mutter und Schwester reisten, völlig mit Gewalt zur Orgel zu drängen, so groß war der Zulauf. Und schon in Mailand brachte es dieser Eindruck seiner Erscheinung auch dahin, dass Wolfgang eine Oper zu komponieren gegeben ward. In Italien war dafür zweimal des Jahres förmlich Saison: er erhielt die erste, die vor Weihnachten. Das Honorar bestand wie üblich in 100 Dukaten, ungefähr 1000 Mark, nebst freier Wohnung; auch der Don Juan später brachte nicht mehr ein. Jetzt war dies aber noch ein hoher Entgelt für den jungen Anfänger.

Als solchen zeigte er sich freilich bei der Ausführung der Sache in keiner Weise. Denn als sie auf der Weiterreise, der sie sich umso ruhiger hingeben konnten, als das Textbuch ihnen nachgesandt werden sollte, nach Bologna kamen und dort den größten italienischen Musikgelehrten seiner Zeit, den Pater *Martini*, aufsuchten, konnte auch dieser nicht anders als das Können dieses jugendlichen Meisters völlig anstaunen: derselbe löste Aufgaben und überwand Schwierigkeiten, die ebenso die angestammte Heldenkraft wie das umfassendste Wissen bewiesen. Auch den größten Sänger seines Jahrhunderts, den Sopranisten Carlo Broschi genannt *Farinelli*, lernte Wolfgang dort kennen und seine Kunst gewissermaßen als letzte Erbschaft des großen und schönen Gesanges aufnehmen: denn nur wer die Gesangeskunst im höchsten Sinne versteht, kann auch wieder für Gesang richtig schreiben. Und doch war jener Sänger jetzt schon ein Sechziger!

In Florenz regierten damals noch Habsburger, so ward unseren Reisenden auch hier beste Aufnahme zu Teil. Von den herrlichen Kunstschätzen dort erwähnen die Briefe an Mutter und Schwester nichts.

Aber schwerlich werden Venus Amathusia und Madonna della Sedia demjenigen unbekannt geblieben sein, dem allein es gelingen sollte, Rafael und die Antike auch in Tönen wiederzubeleben. Von Rom aber wissen wir dies aus Wolfgangs eigener Mittheilung. »Gestern waren wir auf dem Kapitol und sahen viel schöne Sachen«, schreibt er der Schwester, und wohl stehen dort und anderswo in Rom »viel schöne Sachen«: Laokoon und Ariadne, Apoll von Belvedere und der olympische Zeuskopf. Dazu die zahllosen Kirchen und darunter eine Peterskirche! Am merkwürdigsten blieb den beiden Musikern aber stets natürlich die Musik, und man kennt die Sixtinische Kapelle, in der allein damals noch etwas von der Kunst der großen Römer waltete. Von Palestrina hören wir dabei nichts, aber von *Allegri* nahm Wolfgang sogar Abschrift. »Du weißt«, schreibt der Vater, »dass das hiesige *Miserere* so hochgeachtet ist, dass den Musikern der Kapelle unter der Exkommunikation verboten ist, eine Stimme davon zu kopieren oder jemanden zu geben. Allein wir haben es schon. Wolfgang hat es aufgeschrieben. Wir wollen es indessen auch nicht in andere Hände fallen lassen, dieses Geheimnis, damit wir nicht direkt oder indirekt dem Tadel der Kirche verfallen.« Mozarts hielten etwas auf ihren katholischen Glauben, er war ihnen innere Wahrheit, und so wurde auch durch die besonders weihevollen Gesänge in dieser römischen Charwoche Wolfgangs jugendliche Seele dauernd für die höchsten Empfindungen unserer Brust geweiht, denen er im Lauf seines Lebens auch außerhalb der religiösen Komposition so schönen und ergreifenden Klang verleihen sollte. Er erzählte ebenfalls selbst noch in späteren Jahren von dem tiefen Eindruck dieser heiligen Vorgänge. »Wie mir da war! wie mir da war!« rief er dabei einmal über das andere.

Von Neapel hörten wir schon. Je tiefer sie nach Italien kamen, desto lebhafter werde die Bewunderung, hatte der Vater bereits von Rom aus geschrieben. Der Champagnerrausch der Natur, den dieser Golf von Neapel darstellt, konnte nicht ohne Eindruck auf einen Künstler sein, der den Zauber und Rausch der heitersten Lebensfreude selbst einst so zaubervoll erklingen lassen sollte. »Neapel ist schön«, schreibt er kurz aber bezeichnend der Schwester. Der ungeheure Ernst Roms mag aber dennoch der deutschen Natur Mozarts tiefer entsprochen haben. Sie waren denn auch bald wieder dort und diesmal erreichten

11

sie, was nur Rom bieten konnte, den Papst zu sehen: ja von Wolfgangs Spiel entzückt überreichte ihm der Heilige Vater – es war der große Ganganelli, Clemens XIV., – in persönlicher Audienz jenen Orden des goldenen Sporen, der uns auch den »Ritter« Gluck geschaffen. Mozart freilich machte sich zunächst nicht viel aus dieser Ehre und der Vater schrieb: »Du kannst dir einbilden wie ich lache, wenn ich allezeit zu ihm **Signor cavaliere** sagen höre.« Allein später wussten sie doch gelegentlich die Vorteile einer solchen Auszeichnung praktisch geltend zu machen.

Jetzt ging es nur auf das nächste Ziel: Ruhm und Erfolg des Künstlers. Dazu war eine mithelfende Stufe die Ernennung Wolfgangs zum Mitglied der berühmten Philharmonischen Akademie von Bologna, die ihm in Italien den Namen **Cavaliere filarmonico** brachte. Und als sie im Oktober 1770 in Mailand wieder eintrafen, war er nach künstlerischem Rang und nach Lebensstellung schon zu Erfolg gediehen: – **Signor cavaliere** »Ritter Mozart«, mit 14 Jahren! Die Reise selbst aber hatte die künstlerische Anschauung mehr und mehr ausreifen lassen: zu dem sicheren technischen Können kam stets fühlbarer der reine Schönheitssinn, das Resultat der höchsten geistigen Arbeit, die Überwindung aller Schwierigkeiten und alles bloß Stofflichen, die der raue glanzlose Norden uns Deutschen nur zu oft für immer in der Kunst vorenthält. Hell leuchtet auch aus Mozarts Melodie fortan der göttliche Strahl idealer Schönheit, und nie ist er ihm wieder erloschen. Nicht an formaler Vollendung, nur an innerem Lebensgehalte konnte dieses Künstlertum fortan zunehmen, und wir werden den Spuren dieser persönlichen Lebensberührung, die den Menschen auch nach innen erweckt und ausbildet, denn auch bald begegnen. Zunächst erfahren wir die ersten entscheidenden Erfolge des Komponisten, die sein Herz für lange Zeit an das »Land wo die Zitronen blüh'n« fesselten.

Die italienische Oper, die also damals alle Welt beherrschte, war nichts weniger als ein fesselnder dramatischer Vorgang auf der Bühne. Vielmehr hatte die schwelgerische Lust der Italiener am schönen Gesange bald das Hauptgewicht des Ganzen in diesen gelegt. Interessante oder auch ergreifende Ereignisse aus der Geschichte und mehr noch die großen Sagen des Altertums und des Mittelalters waren so hergerichtet, dass durchweg eine Liebesgeschichte darin die

Hauptrolle spielte und in den Ergüssen der liebend glücklichen oder unglücklichen Herzen das Ganze gipfelte. Gewiss ein reicher Anlass für eine Kunst wie die Musik! Nur war auf diese Weise meist alles in den Einzelgesang, die *Arie*, verzettelt und die ganze Oper oft ein solches bloßes Arienbündel, und wer also die schönsten Arien schrieb, war Sieger. Ja den einzelnen Sängern »recht auf den Leib gemessen« hatten diese Arien zu sein, wenn sie die volle Wirkung tun sollten: die schönsten Töne dieser Sängerin oder dieses Tenors da mussten zugleich die Glanzpartie der Arie sein und umgekehrt, dann ging die Oper »zu den Sternen« und durch halb Europa. Wir haben dies noch in unserem Jahrhundert mit Rossini, Bellini, Donizetti erlebt und erleben es heute wieder an Verdi.

Hier trat nun Mozart zunächst bescheiden die vorhandene Erbschaft an. Was mehr als ein Jahrhundert und die ganze gebildete Welt gebilligt und bewundert, ein vierzehnjähriger Jüngling wird es nicht ändern noch antasten. Aber wie er nun in seinem Werke die einzelnen Züge dieser »fabulösen Historie« vom alten unglücklichen Pontuskönig *Mithridates* aufnahm und in zündende musikalische Momente verdichtete, das sagt uns nach der Aufführung des Werkes am 26. Dezember 1770 die öffentliche Kritik mit dem Worte: »Der jugendliche Kapellmeister studiert das Schöne der Natur und gibt es mit der seltensten musikalischen Grazie geschmückt wieder.« Neid und Intrige hatten freilich auch hier nicht gefehlt. Aber Wolfgang wusste sich und ebenso den Sängern sogar in ihren Launen zu helfen. Wenn dieses Duett nicht gefalle, wolle er sich noch einmal herrichten lassen, hatte der erste Sopranist ausgerufen, und besonders war man erstaunt, von einem jungen Anfänger den vollen Ton der heimischen Oper, ihr Chiaroscuro, wie sie die schöne Abstimmung der einzelnen Stücke unter einander nannten, so sicher getroffen zu sehen. Evviva il Maestro! Evviva il Maestrino! erscholl es von allen Seiten, und zwanzigmal hinter einander musste das Werk gegeben werden, ward auch sogleich fünfmal für andere Bühnen, darunter Mozarts geliebte Kaiserstadt, bestellt, wovon freilich nach damaligem Brauch nur der Kopist den Vorteil genoss.

So war der Zweck der ersten Römerfahrt von 1770 erreicht. Wolfgang hatte sich aber auch nicht geschont und der Vater musste nur wachen, dass des Guten nicht zu viel geschah. Die stetige Anspannung und Beschäftigung mit dem ernsthaften Gegenstande hatte jedoch den ohnehin zum inneren Sinnen angelegten Knaben so ernst gestimmt, dass während der Arbeit der Vater die Freunde daheim bat, ein gutes Werk zu tun und spaßhafte Briefe zu schreiben, um ihn zu zerstreuen. Es reifte neben dem musikalischen Genius der innere Mensch und der jetzt Fünfzehnjährige war schon ein voller Jüngling.

Leise regt sich denn auch bereits jetzt diejenige Saite seines Wesens, die seinen Melodien jenen innigsten Ton verlieh, den wir sofort beim Erklingen des Namens Mozart selbst zu vernehmen wähnen, die zärtliche Empfindung des Herzens, die ihn vor allem zum *Sänger der Liebe* gemacht hat. Schon in der innigen Zuneigung zu Mutter und Schwester sehen wir entwickelt, was der Hausfreund oben von dem angeborenen Liebebedürfnis des vierjährigen Knaben erzählte. Man muss die kleinen Anhängsel an die Briefe des Vaters von dieser Reise aus lesen. Keinen daheim hat er vergessen, nach Jedem fragt er, sogar die »wichtigen und hohen Gedanken von Italien«, wo er doch manchmal »verwirrt vor lauter Affaieren« ist, halten ihn nicht davon ab. Der Mama küsst er 1 000 000 000 Mal die Hände und der Nannerl gar »Gesicht, Nase, Mund und Hals«. Alle Posttage schmeckt ihm das Essen besser, und die Fülle der Neckerei in diesen auf dem Mozarteum aufbewahrten Zetteln lässt erst die ganze Zärtlichkeit für die schöne Schwester erkennen.

Aber Schönheit beobachtet er bald auch anderswo. Die Primadonnen und schönen Tänzerinnen Italiens bemerkt sein junges Auge, und persönlich näher muss ihm das »ewig Weibliche« in Salzburg gekommen sein, wo ja die Nannerl Freundinnen hatte. »Mit meiner Schwester hätte ich viel zu reden, aber was, das weiß nur Gott und ich allein,« heißt es von Italien aus, und bald noch deutlicher: »Was du mir versprochen hast (du weißt schon was – – – o du Liebe du!) halte gewiss, ich bitte dich, ich werde dir gewiss verbunden sein.« Allein dies war bereits auf der zweiten Römerfahrt, wo der kurze Ruheaufenthalt in der schönen Heimat sozusagen die inneren Organe sich hatte entwickeln lassen und Muße gewährte, sich auch mit anderen als seinen musikalischen »Affaieren« zu beschäftigen. »Ich bitte dich noch wegen den gar Andern, wo nichts Anderes mehr sei: Du verstehst

mich schon«, heißt es verhüllend, und was Anderes wäre da zu ver-
hüllen als ein verschämtes schöneres Herzgefühl? »Ich hoffe, dass du
bei dem Fräulein gewesen bist, du weißt schon welche. Ich bitte dich,
wenn du sie siehst, ihr ein Kompliment von mir zu machen,« verlautet
es später einmal. Was ist aber auch erklärlicher, als dass den Künstler das schöne Geschlecht anzog, das ihn so sehr bewunderte? Denn
nichts reizt das Weib und die Menge so wie Ruhm und Größe, zumal
wenn sie auf geistigem Grunde ruhen. Und war er nicht berühmt wie
nur ein Lebender, der junge *Cavaliere filarmonico?* Freilich sein
Äußeres an sich machte auf den ersten Anblick nie einen bedeutenden
Eindruck. Die Statur blieb klein, – er war nach seinem eigenen Bericht
in einem Briefe (»Neue Bilder aus dem Leben der Musik und ihrer
Meister.« München 1870.) »bei Wasser aufgezogen«, – der Kopf
erschien besonders durch die Fülle schönen blonden Haares verhält-
nismäßig zu dick, und nur die natürliche Leichtigkeit und Freiheit
der Bewegung gab ihm zumal in dem Kostüm des vorigen Jahrhunderts etwas unwillkürlich Anmutendes, das der sinnige Ausdruck der
schönen graublauen Augen nur erhöhte. Aber wenn man sich diesen
beweglichen jungen Mann mit Sammetrock, Jabot, Seidenstrümpfen,
Schnallenschuhen, Tressenhut und Degen als berühmten Maestro
dachte, von dem die Welt noch später reden werde, oder gar ihn spielen hörte und eigene Kompositionen aufführen sah, dann wandte sich
das Blatt und an die Stelle bloßen leiblichen Reizes trat der unsägli-
che Zauber des Geistes, des Gemütes, ja der fesselnd geheimnisvollen
Macht des schöpferischen Genius. Das Schöpferische aber liebt das
Weib und gibt ihm hold empfangend Herz und Seele hin. Ein Kuss
von schönem Munde war ihm ein schönes »Present«, wenn er neue
Menuetten überreicht hatte, und ein Kuss bleibt nie allein.

Aber jetzt blieb nicht viel Zeit zu dem halb schuldlosen halb sinne-
erregenden Schäferspiel jener Zopftage: für die erste Saison des Jahres
1773 war er bereits wieder in Mailand engagiert und zwar diesmal mit
130 Dukaten. Ja dazwischen fiel noch eine andere Bestellung, die der
Ruhm des Mithridates bewirkt haben mochte: die Vermählung eines
Sohnes der Kaiserin Maria Theresia in Mailand durch eine Serenata
d.h. eine kleine Art Oper feiern zu helfen. Das war noch in diesem
Sommer 1771, und im August waren denn auch Vater und Sohn wie-

15

der dort. Der Stoff war *Ascanius in Alba*. Doch füllte diesen theatralischen Umriss hauptsächlich Schmeichelei gegen das hohe Paar, was Wolfgang umso weniger hinderte wiederum sein Bestes zu tun. »Über uns ist ein Violinist, unter uns auch einer, neben uns ein Singmeister, im letzten Zimmer ein Oboist – das ist lustig zum Komponieren, gibt einem viel Gedanken,« schreibt er, und es musste ihm eben an solchen diesmal viel liegen, weil sein Rivale, d.h. der Komponist der Hauptoper, der damals berühmteste Komponist Italiens war, *Hasse*, der »teure Sachse«, wie die Italiener diesen Deutschen nannten, der ihnen so viel Hundert ihrer Opern geschenkt, dass er selbst sie nicht mehr aufzuzählen wusste. Und doch war erst Ende August das Textbuch angelangt und schon im Oktober sollte die Feier sein. »Zweitens tun mir so die Finger vom Schreiben wehe«, entschuldigt er sich nach vier Wochen gegen sein Nannerl. Dafür fehlten aber auch nur noch zwei Arien. Gesund blieb er dank seiner elastischen Natur, aber dass er »immer schläfferig« war, bezeugt uns die übergroße Anstrengung, die er hatte.

Der Erfolg blieb nicht aus. Die hohen Vermählten gaben durch ihren Beifall dem Publikum das Beispiel und der Vater berichtet: »Mir ist leid, die Serenata des Wolfgang hat die Oper des Hasse so niedergeschlagen, dass ich es nicht beschreiben kann.« Und in schöner Neidlosigkeit soll dieser selbst ausgerufen haben: »Der Knabe da wird Alle vergessen machen!« Wie sehr hat er Recht gehabt und wie Viele wird nicht dieser Mozart zu allen Zeiten noch mit seinem Glanze verdunkeln!

Das Festspiel ward gegen die Gewohnheit mehrmals wiederholt, und eine Diamantdose des Erzherzogs begleitete diesmal das übliche Honorar.

Im Dezember 1771 war man wieder daheim, jedoch mit der schönen Aussicht auf neue Lorbeeren im Zitronenlande. Und dies war nötig. Denn der Tod des Erzbischofs Sigismund brachte einen neuen Herrn und zwar jenen hochfahrenden, kleinlichen *Hieronymus*, der schon bei der Wahl mit Schrecken begrüßt besonders in Mozarts Leben eine traurige Stelle einnehmen sollte. Die Salzburger übertrugen die Komposition des Festspieles zur Huldigung ihrem schon so berühmten jungen Landsmanne: es war der *Traum des Scipio*. Sonst

16

gab es in Salzburg nicht viel zu tun. Als erzbischöflicher Konzert-meister, was er nach den italienischen Erfolgen geworden, hatte er die Musik für den Hof und den Dom zu schreiben. Denn jene Tage verlangten in ihrer Lieblingskunst stets Neues, und wenn Mozarts Messen dem theatralischen Zuge der Zeit nachgebend gleich denen J. *Haydns* mehr ein gefälliges Spiel als kirchlicher Ernst und daher von geringer Bedeutung für die Nachwelt sind, so leitete ihn dagegen die Komposition von Symphonien bereits auf ein Gebiet, das von demsel-ben J. Haydn endgültig begründet durch Mozart zu der machtvollen Erscheinung *Beethovens* führen sollte.

Die Sonatenform, die auch der Symphonie zu Grunde liegt, war durch eine stets mehr dichterisch-musikalische Entwickelung aus jener *Suite* entstanden, die unter dem Antritt der Allemande eine Reihe von Tänzen vorführte. Und wie nun der Tanz selbst ein unmit-telbares Abbild natürlich menschlicher Regung und Leidenschaft ist, so ward auch Sonate und Symphonie nebst dem Quartett stets mehr der Ausdruck der persönlichen Erlebung und Gemütserregung des Komponisten, der je größer und tiefer er die Welt fasste, auch je schö-ner und ergreifender ein rein musikalisches Abbild derselben zu geben vermochte, wie es in Beethovens Symphonien einen unübertroffenen Höhepunkt erreicht hat. Wie in der Oper Dichtung und Wort, so ward für Klavier und Orchester die eigene Erregung in Freude und Leid des Lebens der Anstoß und der poetische Vorwurf der musikali-schen Komposition. Wir werden auch hier bald Mozarts Leben in sei-ner Kunst wiederfinden, und dies macht die Lebensgeschichte dieses Künstlers so besonders anziehend und bedeutungsvoll.

Im November 1772 finden wir die beiden Reisenden also wieder in Italien: die Oper *Silla* war für Mailand zu schreiben. Und jetzt geht gar des Vaters Wunsch dahin, den Sohn für immer dort gefesselt d.h. angestellt zu sehen. Er knüpfte zunächst Verbindungen mit Florenz an. Denn Salzburg konnte ihnen seit dem neuen Erzbischof nicht mehr behagen. Wohl der Aufklärung hold und gegen ein dumpfes Pfaffen-regiment ein Segen war er doch selbst zu viel Tyrann, um Gedeihen zu verbreiten und Liebe zu finden, und selbstständig freie Naturen wie der reichsstädtische Vater und der freigeborene Genius des Sohnes entsprechen solcher Herrscherart nicht, zumal wenn kein eigentliches

Gefühl und Verständnis für die Kunst und das ebenfalls souveräne Walten des Genius vorhanden ist. So vermag sich der Vater selbst auf der Reise nur schwer der »Salzburger Gedanken« zu entschlagen, und dass es mit Florenz nichts ward, gefiel ihm wenig.

Desto mehr geschah jetzt wieder in Mailand. »Ich kann unmöglich viel schreiben, denn ich weiß nichts,« sagt Wolfgang in den Briefen, »und zweitens weiß ich nicht was ich schreibe, indem ich nur immer die Gedanken bei meiner Oper habe und Gefahr laufe dir statt der Worte eine ganze Arie hinzuschreiben.« Die Darstellenden waren übrigens auch diesmal wieder sehr zufrieden, und wie das Werk gewirkt haben muss, beweist der Verlauf eines Unfalls, der dem ersten Sänger begegnete: er hatte unwillkürlich die Primadonna zum Lachen gebracht und war dann selbst so verwirrt geworden, dass er ganz ungebärdig gestikulierte. Das Publikum, schon durch mehrstündiges Warten auf den dort residierenden Erzherzog ungeduldig geworden, brach in Lachen aus. Dennoch siegte die Oper sogleich bei der ersten Aufführung und ward auch mehr als zwanzig Mal gegeben.

Hiermit beschließt sich die eigentliche Tätigkeit Mozarts für Italien. An Aufträgen wird es nicht gefehlt haben, aber der Erzbischof versagte den Urlaub. Er wollte nicht, dass seine Leute »so im Lande ins Betteln umherreisen«. Und doch sagt Mozart später einmal selbst: »Wenn ich es recht bedenke, so habe ich halt doch in keinem Lande so viele Ehre empfangen, bin nirgends so geschätzt worden wie in Italien; und man hat halt Kredit, wenn man in Italien Opern geschrieben hat.« So gehört es denn auch im Grunde noch zu Italien, was Mozart zwei Jahre später zur Komposition einer italienischen Oper wieder nach *München* führte. Es war die reizende **Opera buffa** (komische Oper) » **la finta giardiniera**«, »Die Gärtnerin aus Liebe«, und hier hatte Hieronymus die Erlaubnis nicht versagen dürfen. Stand er doch mit dem nahen kurfürstlichen Hofe in vielen persönlichen und amtlichen Beziehungen!

Kurfürst Maximilian III., ein gar gutmütiger Herr, war selbst sehr musikalisch. Er hatte schon früher viel Interesse für Mozart gezeigt und kannte wie alle Welt seine Erfolge in der Welt. Mozart sah sich geliebt und geehrt, und die gute Oper dort regte ihn doppelt zu einer solchen Aufgabe an. Hier quellen denn auch bereits echt Mozartsche Lebensbäche der anmutigsten Empfindung. Der Text war schon oft komponiert worden, bei Mozarts Oper aber wollte man nie eine schönere Musik gehört haben, wo alle Arien schön seien. »Gottlob«, schreibt er selbst am 14. Januar 1775, »meine Oper ist gestern in Szene gegangen und so gut ausgefallen, dass ich der Mama den Lärm unmöglich beschreiben kann. Erstens war das Theater so gestrotzt voll, dass viele Leute wieder zurück haben müssen. Nach jeder Arie war allezeit ein erschreckliches Getöse mit Klatschen und Viva maestro-Schreien. Ihre Durchlaucht die Kurfürstin und die verwitwete, welche mir vis-à-vis waren, sagten mir auch Bravo. Als die Oper aus war, so ist nichts als geklatscht und Bravo gerufen worden, bald aufgehört, bald wieder angefangen und so fort. Nachher bin ich mit meinem Papa in ein gewisses Zimmer gegangen, wo der Kurfürst durch muss, und habe Sr. Durchlaucht dem Kurfürsten und den Hoheiten die Hände geküsst, welche alle sehr gnädig waren. Heute in aller Frühe schickt Se. Fürstlichgnaden *Bischof von Chiemsee* her und lässt mir gratulieren, dass die Oper bei Allen so unvergleichlich ausgefallen ist.« Er, der Domherr in Salzburg gewesen und Mozart sehr liebte, hatte ihm wahrscheinlich die Oper für München verschafft und daher erhöhtes Interesse wie besondere Genugtuung wegen ihres Erfolges.

Ja der Erzbischof selbst war unfreiwilliger Zeuge der Triumphe seines von ihm so wenig respektierten Konzertmeisters. Er sah zwar die Oper nicht, weil während seines Geschäftsbesuchs keine Aufführung derselben stattfand, musste aber doch, wie der Vater schreibt, von allen kurfürstlichen Herrschaften und dem ganzen Adel das Lob derselben hören und die feierlichen Glückwünsche, die ihm Alle machten, entgegennehmen. Er war dabei so verlegen, dass er mit nichts als einem Kopfneigen antworten konnte und die Achseln in die Höhe zog. dass dies Alles Mozart nicht zum Heil und Vorteil gedieh, werden wir bald vernehmen.

Ein Festspiel Il rè pastore, »der königliche Schäfer«, zu Ehren des Aufenthalts jenes ihm gleichaltrigen Erzherzogs Maximilian Franz in Salzburg in demselben Jahre 1775 geschrieben, gehört noch in den Kreis dieser Jugendarbeiten des rasch gereiften Künstlers. Er hatte jetzt das zwanzigste Lebensjahr überschritten. Was zu lernen war, hatte er gelernt und gar vielseitig durch praktisches Schaffen bewährt.

Er musste als Künstler der Welt sein Können zeigen, fühlte als Mensch »Muth sich in die Welt zu wagen, der Erde Weh, der Erde Glück zu tragen«. Die erste Jugendzeit war vorüber, der Jüngling berührte sich bereits mit dem Manne und der Mann will Prüfung seiner Kraft, will Taten.

Dies bringt unsern Künstler zuerst in den persönlichen Kampf mit dem Leben, und da er ihn fortan hauptsächlich allein zu führen hat, erstarkt auch seine moralische Kraft rasch an diesen Erfahrungen: wir sehen neben dem gottbegnadeten Künstler zugleich den edelgesinnten und tüchtigen Menschen erwachsen.

* * *

2. Die grosse Pariser Kunstreise

(1777–79)

In einem Briefe vom Jahre 1776 klagt Wolfgang dem Pater Martini in Bologna, er lebe in einer Stadt, wo die Musik wenig Glück mache; beim Theater fehle es an guten Kräften, weil sie auch gut bezahlt sein wollten: »und Generosität ist nicht unser Fehler.« Er schreibe Kammer- und Kirchenmusik, allein die Stücke müssten immer sehr kurz sein, weil der Erzbischof es so liebe. »Ach, dass wir so weit von Ihnen entfernt sind, teuerster Meister, wie viel würde ich Ihnen zu sagen haben!« schließt das italienische Schreiben in »Mozarts Briefen«.

Man sieht, es drängt den jungen Maestro in das Freie, dorthin wo er seine Kraft sicherer betätigen konnte. Schon im Sommer 1773 waren Vater und Sohn miteinander wieder in Wien anwesend, aber selbst der Klugheit des erfahrenen Vaters war hier nichts zu erreichen gewesen. Und von München aus schrieb Wolfgang, die Mama solle ihre baldige Heimkunft nicht wünschen, denn sie wisse ja wie wohl das Schnaufen tue: »wir werden noch früh genug zum – – kommen.«

Sie lebten zwar daheim in ihrem engeren Kreise ein schönes Familienleben und hatten auch einige gute Freunde, mit denen das dort übliche Zimmerschießen und andere bescheidene Vergnügungen die geringe Muße ausfüllten, die sich Vater, Sohn und Tochter gönnen durften, da sie mit Komposition und Unterricht ihr Brot zu ergänzen hatten. Denn des Vaters Gehalt betrug vierzig, des Sohnes gar nur fünf-undzwanzig Mark monatlich: – »Generosität ist nicht unser Fehler.« Allein mehr störte ihren feineren Sinn die plumpe Art und der rohe Ton der kleinen Residenz. Galt der Salzburger an sich für einen Tropf, so dass damals Hanswurst in Wien Salzburgisch redete, so war die Lebensart und Anschauung der niederen und höheren »Noblesse« von noch weniger annehmlichem und feinem Wesen, und Mozart, der überhaupt die Lebensart selbst der »groben Baiern«, wie es damals

21

noch allgemein hieß, der des Salzburger Adels vorzieht, schreibt von einem solchen Adligen, er habe sich über die Münchener Oper so »verwundert und verkreuzigt, dass sie sich völlig geschämt hätten.«

Die eigentlichen Kollegen der Mozarts, die Musiker, standen bekanntlich im vorigen Jahrhundert mit Grund im Rufe als »Säufer, Spieler und liederliche Lumpe«. Das sei auch eine der Hauptursachen, die ihm Salzburg verhasst mache, die grobe, lumpenhafte und liederliche Hofmusik, schreibt Mozart ebenfalls später, es könne kein honetter Mann mit ihnen leben, er müsse sich ja ihrer schämen. Selbst *Michael Haydn*, der Bruder Josephs, an sich ein sehr tüchtiger Komponist, teilte den einen jener Fehler. Wer kännte nicht im Salzburger Stiftskeller das Haydn-Stübchen? Und als einmal der Organist einer dortigen Kirche im Trunk auf der Orgelbank vom Schlage getroffen war, schreibt der Vater an Wolfgang, was er wohl meine, wer sein Nachfolger geworden? »Herr Haydn! – Alles lachte. Das ist ein teurer Organist, nach jeder Litanei trinkt er ein Viertel Wein, zu den übrigen Diensten schickt er den Lipp (ebenfalls ein Organist), der will auch trinken,« heißt es drastisch genug.

Und endlich sein eigenstes Gebiet, fand der junge Künstler hier einen Lohn, seines feurigen Geistes, seiner bereits geübten Kraft würdig?

Wir hörten ihn selbst klagen, über Theater, Kammer und Kapelle. Eine wandernde Truppe gab winters Vorstellungen im Theater, die Hofkonzerte durften höchstens eine Stunde dauern – und dies bei stets mehreren Stücken – die Messe, selbst die feierlichste, nur dreiviertel Stunden. Zudem war das Orchester klein, hatte nicht einmal Klarinetten. dass Mozart in diesem engen Rahmen und mit diesen beschränkten Mitteln noch Werke schuf, wie wir sie an Messen, Symphonien und Kammermusik aus dieser Salzburger Zeit besitzen, die das Schaffen der Zeitgenossen immerhin weit überragen und würdig neben Joseph Haydns Musik gleichen Genres stehen, – dies ist eben Verdienst seines Fleißes, seines Genies. Aber Befriedigung konnte er hier nicht erlangen, es musste ihn hinausziehen mit Macht, ins Freie, wo er sich regen kann, wo gebildete Menschen seine Kunst würdigen und ein voller Strom von Leben ihn umgibt, der auf solcher Woge zu schiffen weiß. Also hinaus, hinaus!

Allein, da stand finster und schroff jener »– –«, zu dem sie noch früh genug zurückkommen, wie Mozart schreibt, der »Mufti«, wie er wegen seiner tyrannischen Art den Mann »mit dem scharfen Blick der grauen Augen, von denen das linke selten ganz geöffnet war, und dem strengen Zug um den Mund« nannte, der Erzbischof Hieronymus Colloredo. Er wusste eben im Grunde nicht zu würdigen, was er an Mozart besaß. »Sie sollen nur den Erzbischof fragen, der wird sie gleich auf den rechten Weg bringen«, schreibt dieser einmal von einem Konzert, das in Mannheim so besonders gefallen hatte. Aber die Hauptsache war doch seine Kargheit, und er hielt seine Leute schon deshalb so streng, damit sie nur nicht mit irgendwelchen Ansprüchen an ihn heran kamen. »Ich getraute mir nicht zu widersprechen, weil ich schnurgerade von Salzburg kam, wo man einem das Widersprechen abgewöhnt,« schreibt Mozart später. Was er also komponierte, es war nicht recht, wurde getadelt und nicht in schonender Weise. Hatte der Erzbischof doch einmal die Stirn gehabt zu sagen, er verstehe nichts von seiner Kunst und müsse erst nach Neapel ins Konservatorium gehen, um etwas zu lernen, – er der Akademiker von Bologna und Verona und weitberühmter Opernkomponist! Nur dann habe er Mozart geschmeichelt, wenn er etwas nöthig gehabt habe, sonst habe er ihm für alle seine Kompositionen nicht einen Kreuzer bezahlt, erzählt der Vater später dem Pater Martini.

Hieronymus liebte aber überhaupt nach der Sucht der Zeit in musikalischen Dingen die Italiener und hatte auch deren mehrere zu seiner Musik berufen, so dass die Mozarts sich in jeder Weise zurückgestellt und der »Verfolgung und Verachtung« preisgegeben sahen. Andererseits waren beide, Sohn wie Vater, von Freimütigkeit, von klarem Verstande und witziger Zunge, Wolfgang sogar oft jugendlich ausgelassen und jedenfalls mit dem Bewusstsein seines Könnens und seiner Geltung in der Welt nicht hinterm Berge haltend, während andererseits der Erzbischof die Eigenheit hatte, durch große wohlgebildete Gestalten sich imponieren zu lassen, kleine unansehnliche Leute aber, wie der zwanzigjährige schmächtige Mozart damals war, nicht zu respektieren, – alles Stoff zu scharfer gegenseitiger Spannung, die denn auch schließlich zu einem völligen Bruch führen musste.

Wir besitzen das Schreiben Mozarts an den Erzbischof: es ist gerade hundert Jahre nach seiner Entstehung aus dem erzbischöflichen »General-Einnehmer- und Hofzahlamt« ans Tageslicht gekommen und gibt uns alles zur Erkenntnis eines Verhältnisses, das in Mozarts Leben sehr schwer wiegt und zuletzt die entscheidendsten Katastrophen herbeiführte. Wir müssen es deshalb hier vorführen. Zeigt es uns doch zugleich den ganzen Ton der Zeit und namentlich der Salzburger Untertanenschaft! Mozart schreibt:

»Ihro Hochfürstl. Gnaden
Hochwürdigster des Heil. Röm. Reichs
Fürst,
Gnädigster Landes Fürst
und
Herr Herr!

Euer Hochfürstl. Gnaden etc. darf ich mit der umständlichen Beschreibung unserer traurigen Umstände nicht beschwerlich fallen: mein Vater hat solche in der den 14. März dieses Jahres eingereichten untertänigsten Bittschrift Euer Hochfürstl. Gnaden etc. bei seiner Ehre und Gewissen mit allem Grund der Wahrheit demütigst zu erkennen gegeben. Da nun aber hierauf der gehoffte gnädigst günstige Hochfürstl. Entschluss nicht erfolgt, so würde mein Vater schon im Brachmonat Euer Hochfürstl. Gnaden etc. untertänigste gebeten haben, uns gnädigst eine Reise von etlichen Monaten zu erlauben, um dadurch uns wieder in etwas aufzuhelfen, wenn Höchstdieselben nicht gnädigst befohlen hätten, dass die Musik für die bevorstehende Durchreise Sr. Majest. des Kaisers (Joseph II.) sich mit ein und anderm bereithalten solle. Mein Vater bat hienach demütigst um diese Erlaubnis: allein Euer Hochfürstl. Gnaden schlugen ihm solche ab, und äußerten sich gnädigst, dass allenfalls ich, der ich ohnehin nur halb in Diensten wäre, allein reisen könnte. Unsere Umstände sind dringend: mein Vater entschloss sich mich allein fortzuschicken. Aber auch hiebei machten Euer Hochfürstl. Gnaden etc. einige gnädigste Einwendungen. Gnädigster Lands Fürst und Herr Herr! Die Eltern bemühen sich, ihre Kinder in den Stand zu setzen, ihr Brot für sich selbst gewinnen zu können: und das sind sie ihrem eigenen und dem Nutzen des Staats schuldig. Je mehr die Kinder von Gott Talente erhalten haben, je mehr sind sie verbunden Gebrauch davon zu machen, um ihre eigene und ihrer Eltern Umstände zu verbessern, ihren Eltern beizustehen und für ihr eigenes Fortkommen und für die Zukunft zu sorgen. Diesen Talentenwucher lehrt uns das Evangelium. Ich bin demnach vor Gott in meinem Gewissen schuldig meinem Vater, der alle seine Stunden unermüdet auf meine Erziehung verwendet, nach meinen Kräften dankbar zu sein, ihm die Bürde zu erleichtern und nun für mich und dann auch für meine Schwester zu sorgen, für die es mir leid wäre, dass sie so viele Stunden beim Flügel sollte zugebracht haben, ohne nützlichen Gebrauch davon zu machen.

Euer Hochfürstl. Gnaden etc. erlauben mir demnach gnädigst, dass ich Höchstdieselben untertänigst um meine Dienstentlassung bitte, da ich noch von dem eingehenden Herbstmonat Gebrauch zu machen gezwungen bin, um nicht durch die bald nachfolgenden kalten Monate der übeln Witterung ausgesetzt zu sein. Euer Hochfl. Gnaden etc. werden mir diese untertänigste Bitte nicht ungnädig nehmen, da Höchstdieselben schon vor drei Jahren, da ich um die Erlaubnis nach Wien zu reisen bat, sich gnädigst gegen mich erklärten, dass ich nichts zu hoffen hätte und besser tun würde mein Glück andern Orts zu suchen. Ich danke Euer Hochfürstl. Gnaden in tiefster Untertänigkeit für alle empfangene Höchste Gnaden und mit der schmeichelhaften Hoffnung Euer Hochf. Gnaden in meinen mannbaren Jahren mit mehrerm Beifall dienen zu können empfehle ich mich zu fürwährenden Höchsten Hulden und Gnaden

Euer Hochfürstl. Gnaden
meines gnädigsten Lands Fürsten
und
Herrn Herrn
untertänigster und gehorsamster
Wolfgang Amade Mozart m. p.

[von außen:]

An
Se. Hochfürstl. Gnaden
Erzbischof zu Salzburg etc. etc.
Untertänigstes und gehorsamstes Bitten
Wolfgang Amade Mozarts.«

Was da alles vorausgegangen sein musste, ehe der Vater sich entschloss, den Sohn einen Schritt tun zu lassen, der möglicherweise ihm
selbst Amt und Brot kosten konnte, das stellt man sich unschwer selbst
vor, erfährt es aber zum Überfluss noch aus folgenden Briefstellen.
»Ich hoffe, dass Sie jetzt weniger Verdruss haben, als da ich noch in
Salzburg war, denn ich muss bekennen, dass ich die einzige Ursache
war«, schreibt der Sohn. »Man ging mit mir schlecht um, ich ver-
diente es nicht, Sie nahmen natürlicherweise Antheil – – aber zu sehr.
Sehen Sie, das war die größte und wichtigste Ursache, warum ich so
von Salzburg wegeilte.« Und der Vater: »Du hast wohl Recht, dass ich
den größten Verdruss wegen der niederträchtigen Begegnung, die du
hast erdulden müssen, empfunden habe; das war es, was mir das Herz
abnagte, was mich nicht schlafen ließ, was mir immer in Gedanken lag
und mich am Ende verzehren musste.« Und dann folgt so recht ein
Ausbruch des Gemütstones der Mozarts: »Mein lieber Sohn, wenn
du glücklich bist, so bin ich, so ist deine Mutter, so ist deine Schwester,
so sind wir alle glücklich! Und das hoffe ich von der Gnade Gottes und
durch das Vertrauen, das ich in deine vernünftige Aufführung setze.«
   Das Letztere war denn auch das einzige Bedenken, das der Vater
wegen der Reise des Sohnes hatte. Nicht als wenn er an dessen Charakter und Herzen gezweifelt hätte! So wenig wie an seinem »supe-
rieuren Talent«! Allein seine Unerfahrenheit, da er nie allein gereist
war, – wer konnte sie besser kennen als sein getreuer Mentor, der ihn
nach eigenem Geständnis stets wie ein Freund, ein Diener bedient
hatte? Schön sind die Äußerungen, die der Vater hier tut, sie enthüllen
uns ganze Lebenszüge des noch so jugendlichen unsterblichen Groß-
meisters der Kunst.

»Du weißt, dass du auf alles allein achtzuhaben, dir selbst ein und anderes ohne fremde Hilfe zu tun nicht gewöhnt, mit den Geldsorten wenig bekannt warst, vom Einpacken und derlei Notwendigkeiten nicht den mindesten Begriff hattest«, schreibt der Vater. »Ich stelle dir ferner vor, dass ein junger Mensch, wenn er auch vom Himmel gefallen über alle Meister hinwegsähe, doch die Achtung niemals erwerben wird, die er verdient. Dazu will es gewisser Jahre, und so lange man unter zwanzig ist, wissen die Neider, Feinde und Verfolger den Stoff ihres Tadels aus der Jugend, zu wenigem Ansehen und Erfahrenheit heranzuziehen.« Und später: »Mein Sohn! in allen deinen Sachen bist du hitzig und jähe. Du hast von deiner Kindheit und Knabenjahren an deinen ganzen Charakter geändert. Als Kind und Knabe warst du mehr ernsthaft als kindisch. Jetzt aber bist du, wie mir scheint, zu voreilig, jedem in spaßhaftem Ton auf die erste Herausforderung zu antworten, und das ist schon der erste Schritt zur Familiarität, die man bei dieser Welt nicht suchen muss, wenn man seinen Respekt erhalten will. Dein gutes Herz ist es, welches macht, dass du an einem Menschen, der dich wacker lobt, der dich hochschätzt und bis in den Himmel erhebt, keinen Fehler mehr siehst, ihm alle deine Vertraulichkeit und Liebe schenkst.«

War dies nun auch nur auf einen besondern Fall gemünzt, der uns bald begegnen wird, so sind hier doch Grundeigenschaften Mozarts, seine arglose Gutherzigkeit und wieder durch den lebhaften Geist verführt Witz und Scherz aller Art deutlich genug bezeichnet, und tief aus eines väterlichsten Vaters Seele sind die Worte, mit denen er seine Gefühle beschreibt, als nun im September 1777 wirklich der Sohn in Begleitung der Mutter in die Ferne gezogen war. »Nachdem ihr abgereist«, sagte er, »ging ich sehr matt über die Stiege und warf mich auf einen Stuhl nieder. Ich habe mir alle Mühe gegeben mich bei unserer Beurlaubung zurückzuhalten, um unsern Abschied nicht noch schmerzlicher zu machen, und in diesem Taumel vergaß ich meinem Sohne den väterlichen Segen zu geben. Ich lief zum Fenster und gab ihn euch beiden nach, sah euch aber nicht zum Thor hinausfahren und wir mussten glauben, ihr wärt schon vorbei, weil ich lange dasaß ohne an etwas zu denken.« Nannerl ward gar vor lauter Weinen krank und erst am Abend erholten sich beide wieder zu einer kleinen häuslichen Zerstreuung. »So verging dieser traurige Tag, den ich in meinem Leben nicht zu erleben glaubte«, schließt der Bericht als Antwort auf die ersten Nachrichten des Sohnes. Man findet ihn in dem obengenannten Mozartbuche.

Wolfgang selbst war ganz heiter. Hatte er doch von neuem das Freie gewonnen, und seine arglose Unerfahrenheit verhüllte ihm noch des Lebens Dornen, die ihn fortan nie mehr unverletzt lassen sollten. Er sah, vertrauend auf sein Talent und seinen guten Willen, nur Rosen. »Ich bitte dich, halte dich an Gott. Du musst es tun, denn die Menschen sind alle Bösewichter!« schreibt in etwas schwarzseherischem Übereifer der Vater. »Je älter du wirst, je mehr du mit den Menschen Umgang haben wirst, je mehr wirst du diese schmerzliche Wahrheit erfahren. Denke nur an alle Versprechen, Maulmacherei und hundert Umstände, die mit uns vorgegangen, und mache den Schluss selbst, wie viel auf Menschenhilfe zu bauen ist.« Ganz Salzburg war erstaunt und empört über des Erzbischofs Benehmen, da die Entlassung sofort und in größter Ungnade geschehen war. Der Vater freilich ward im Amt belassen, aber der Hof blieb doch höchst unzufrieden über diesen Verlust, da alle Fremde nichts als Wolfgang bewundert hatten. Dies gesteht einer der Domherrn dem Vater nachher, und von dem alten Oberhofmeister Graf Firmian, der Mozart ebenfalls gar sehr liebte, berichtet der Vater folgende Unterredung bei der Aufwartung:

»Nun haben wir eine Person weniger bei der Musik.«

»Ew. Hochfürstliche Gnaden haben einen großen Virtuosen verloren!«

»Wieso?«

»Er ist der größte Klavierspieler, den ich in meinem Leben gehört habe. Bei der Violine hat er Ew. Hochfürstliche Gnaden gute Dienste getan und war ein recht guter Komponist.«

Der Erzbischof hatte darauf still geschwiegen.

War dies alles nun auch für Wolfgang doppelte Genugtuung, dem Vater wurden dadurch die Sorgen nicht abgenommen. Die Vorbereitungen waren natürlich bis auf die kleinsten Bedürfnisse sorgfältig gemacht worden, zumal in Kompositionen, um sich »in allem zeigen zu können«: Konzerte für Klavier und Violine, Sonaten, Arien, Ensemblestücke verschiedenster Art. Die Sonaten für Klavier allein sind – so bemerken wir hier dem Freunde der Sache – die im »Chron. themat. Verzeichnis« von L. Köchel als Nr. 279-84 genannten, der Form nach von vollendeter Schönheit und auch oft im Inhalt schon vernehmlich redende Lebenszüge bietend. Mehr jedoch bedeutet die *Sonate in Cdur*, deren Andante cantabile (Fdur ¾) ein Kabinettsstück einer dramatischen Szene ist, die den späteren Komponisten von Figaro und Don Juan selbst in so kleinem Rahmen deutlich verrät. Und die Variationen, womit die *Sonate in Adur* (6/8) beginnt, sind ein kaum erreichtes Vorbild für Beethovens Op. 26, das Trio in dem Menuett dagegen abermals eine volle Lebensszene, aber diesmal wie dem Karneval entnommen, worauf auch das abschließende **Alla Turca** hinweist. Wo bleiben auch gegen solche Jugendwerke Mozarts, – denn sie fallen ebenfalls ins Ende dieser 1770er Jahre, – die Sonaten von *Ph. E. Bach* und selbst *J. Haydn*?

Ebenso sorgfältig hatten mit Hilfe des Vaters die Reisenden alles Übrige vorbereitet, sogar das Stiefelholz, wie es bei damaliger Reisetracht notwendig war, wurde nicht vergessen. Und doch war das erste Reiseziel naheliegend genug: in *München* hatte der Vater schon früher einmal angeklopft, jetzt sollte der Sohn sein Heil abermals in persönlicher Vorstellung bei dem gutherzigen Kurfürsten suchen.

Wir können nun natürlich hier nur diejenigen Hauptbegebenheiten der Reise berühren, die von Einfluss auf Mozarts weiteres Leben waren, und verweisen für nähere Kenntnis der Sache auf »*Mozarts Briefe*«, die bereits 1877 in zweiter Auflage erschienen und auch ins Englische übersetzt worden sind. Es sind die anschaulichsten anmutigsten witzigsten Lebensschilderungen von der Welt und berühren doch wieder in ihrem innigen Tone auch das tiefere Gefühl. Denn der Vater ist es, an den dieselben fast ausschließlich gerichtet sind. Und wieder seine Antworten findet man in dem mehrgenannten Mozartbuche. Sie mussten ausführlich sein, denn was war hier nicht alles zu raten, vorzusorgen, abzuwenden, wieder gut zu machen und zu ermahnen? Aber überall leuchtet der schöne Gehalt jener treuen Seelen hervor, der eben in Mozarts Musik einen wahrhaft ideal verklärten Wiederhall finden sollte. Und diese Reise bildete in freudigen wie herben Erfahrungen jene innere Seite seines Wesens ebenso aus, wie sie seinem künstlerischen Schaffen zuerst völlig den universellen und souveränen Charakter gab.

Schon von der ersten Station kommen Briefe. »Wir leben wie die Prinzen, uns geht nichts ab als der Papa; je nun Gott will es so haben, es wird noch alles gut gehen«, schreibt Wolfgang. »Ich hoffe der Papa wird wohlauf sein und so vergnügt wie ich, ich gebe mich ganz gut darein. Ich bin der andere Papa, ich gebe auf alles Acht. Ich habe mir auch ausgebeten, die Postillione auszuzahlen, denn ich kann mit die Kerls doch besser sprechen als die Mama. – Der Papa soll Achtung geben auf seine Gesundheit und gedenken, dass der Mufti H. C. (Hieronymus Colloredo) ein Schwanz, Gott aber mitleidig, barmherzig und liebreich sei.« Allein schon an der ersten Zielstation bekommt die Sache ein anderes Gesicht. Freilich an freundlicher Aufnahme fehlt es nicht, noch weniger an Bewunderung und Anerkennung, aber wohl an nächstem Erfolg, an Einnahme oder gar Anstellung. Der Gastwirt *Albert* »zum schwarzen Adler« in der Kaufingergasse (heute Hôtel Detzer) nahm sie auf, er hieß der »gelehrte Wirt« und hatte viel Kunstinteresse. Der erste Gang war zum Theaterintendanten Graf *Seeau*, – denn nur wieder eine Oper und alles war gemacht. Darauf zum Bischof von Chiemsee, dem er die verstellte Gärtnerin verdankte. Man war schon überall unterrichtet, und jeder riet nur direkt zum Kurfürsten zu gehen, der ja überaus kunstliebend war und Mozart sehr schätzte. Allein schon nach wenig Tagen hatte Wolfgang in aller Höflichkeit zu erfahren, wie der Bischof bei der Tafel zu Nymphenburg heimlich mit dem Kurfürsten geredet und nun glauben musste, sie würden in München nicht viel ausrichten. »Jetzt ist es noch zu früh, er soll gehen, nach Italien reisen, sich berühmt zu machen, ich versage ihm nichts, aber jetzt ist es noch zu früh«, hieß es. Der Vater hatte Recht: Mangel an gutem Willen versteckt sich hinter »Jugend und zu wenig Erfahrenheit«. Wer war denn so viel berühmter als dieser **Cavaliere filarmonico**? Auch die Kurfürstin hatte die Achseln geschupft, jedoch versprochen ihr Möglichstes zu tun.

Gleichwohl ließ sich Mozart in Nymphenburg sehen, der Kurfürst wollte gerade vor der Jagd noch zur Messe gehen. Mozart dramatisiert sogleich die Szene.

»Ew. Kurfürstl. Durchlaucht erlauben, dass ich mich untertänigst zu Füßen legen und meine Dienste antragen darf.«

»Ja, völlig weg von Salzburg?«

»Völlig weg, ja, Ew. Kurfürstliche Durchlaucht.«

»Ja warum denn? Habts eng z'kriegt (euch überworfen)?«

»Ei beileibe, Ew. Durchlaucht, ich habe nur um eine Reise gebeten, er hat sie mir abgeschlagen, mithin war ich gezwungen diesen Schritt zu tun, obwohl ich schon lange im Sinn hatte wegzugehen, denn Salzburg ist kein Ort für mich.«

»Mein Gott, ein junger Mensch!«

»Ich bin schon dreimal in Italien gewesen, habe drei Opern geschrieben, bin Mitglied der Akademie in Bologna, habe müssen eine Probe ausstehen, wo viele Meister 4 bis 5 Stunden gearbeitet und geschwitzt haben, ich habe es in einer Stunde verfertigt. Das mag zum Zeugnis dienen, dass ich im Stande bin jedem Hof zu dienen. Mein einziger Wunsch ist, Ew. Kurfürstl. Durchlaucht zu dienen, der selbst ein großer … «

»Ja, mein liebes Kind, es ist keine Stelle frei, mir ist leid. Wenn nur eine Stelle frei wäre!«

»Ich versichere Ew. Durchlaucht, ich würde München gewiss Ehre machen.«

»Ja, das nützt alles nichts, es ist keine Stelle frei.«

Wir haben das ganze Gespräch gegeben, es ist förmlich das typische Beispiel, wie es Mozart durch sein ganzes kurzes Leben mit den Fürsten und Großen ging. Niemals war für ihn »eine Stelle frei«, – der wahre Genius hat ebenfalls nichts, wo er sein Haupt niederlegt. Es ist, als solle sein gottentstammtes Wesen ebenfalls nirgend am Irdischen haften.

Wir fahren fort. Mozart ließ sich trotz dieser bestimmten Erklärung nicht abhalten, fernere Versuche bei Hofe zu machen und dies obwohl der Vater ihm geschrieben, der Kurfürst durfe nicht so ohne weiteres eine neue Stelle schaffen und zudem seien immer heimliche Feinde da, die so etwas aus Angst verhindern. Freunde, falsche wie wahre, wissen ihn jedoch zu fesseln. Vor allen Graf Seeau, weil dieser zugleich am Theater materiellen Anteil hatte und wusste, was ein solcher fruchtbarer Geist ihm nützen konnte! Er verstand ihn, den er sogleich bei der ersten *deutschen* Oper Feuer und Flamme sah, hinzuhalten: Mozart sollte eine deutsche Oper heroischer Gattung schreiben, und dies war zugleich seinem patriotischen Gefühle zusagend. Er selbst entzündete dann wieder seine Freunde und so sollte sich denn gar eine Anzahl »wünschender Personen« zusammen tun, die durch einen regelmäßigen Monatsbeitrag ihn so lange in München zu halten vermochten, bis ein solches Werk geschrieben und damit für ihn Boden gewonnen war. Denn Seeau hatte geäußert, wenn Wolfgang nur »ein wenig Beihilfe von Hause« habe, hätte er Lust ihn zu behalten. Mozart will sich verpflichten, alle Jahre vier deutsche Opern, teils komische, teils ernste, zu liefern, und rechnet sein Benefice dabei auf mindestens 850 Mark, Graf Seeau werde wenigstens fünfhundert geben, er würde stets eingeladen sein, – also was ist da nicht alles zu gewinnen! Dazu heißt es: »Ich bin hier *sehr beliebt*; und wie würde ich erst beliebt werden, wenn ich der deutschen Nationalbühne in der Musik emporhälfe! – Und das würde durch mich gewiss geschehen, denn ich war schon voll Begierde zu schreiben, als ich das deutsche Singspiel hörte.«

»Die ersten Luftschlösser!«, mochte der Vater denken. Denn der »gelehrte Wirt«, der die Sache mit aufrichtigem Interesse betrieb, konnte nicht einmal zehn Personen mit monatlich je 1 Dukaten (10 Mark) zusammenbringen. Doch ist zu bedenken, dass damals zumal durch die Taten des alten Fritz und das neubeginnende freie Geistesleben der Nation das nationale Gefühl auch für die Kunst lebhaft erwacht war und ein »deutsches Nationalsingspiel« zu den Idealen der Fürsten wie der Künstler selbst, soweit sie edler und weiter dachten, gehörte. Wir werden davon noch vernehmen und können so Wolfgangs warme Auffassung der deutschen Oper, – hatte ihm doch die erste Sängerin Kaiser damals »öfters eine Zähre abgelockt!« – wie sein ernstliches Bemühen um festes Bleiben in München wohl begreifen. Worin ihm aber der Vater völlig glauben wurde und was ihn bei diesem ersten Misserfolg trotz allem zuversichtlich bleiben ließ, waren Mozarts Erfolge als Virtuose: »Zu guter Letzt spielte ich die Cassation aus Bdur von mir, da schaute alles groß darein, ich spielte als wenn ich der größte Geiger in Europa wäre.« Worauf der Vater antwortet: »Du weißt selbst nicht, wie gut du Violine spielst, wenn du nur dir Ehre geben und mit Figur, Herzhaftigkeit und Geist spielen willst, ja so als wärest du der erste Violinspieler in Europa!« Eine Cassation aber ist ein Musikstück in der Form von Beethovens Septett, jedoch für ein Soloinstrument, und besonders zu Ständchen bestimmt.

»Nun, Alberich, das schlug fehl!« – Man muss in den Briefen der Beiden selbst lesen, wie der Vater die Ehre des Sohnes wahrt, der so fast im ersten Anlauf seiner Bemühungen in ein unwürdiges Abhängigkeitsverhältnis geraten und damit zum Spott des Erzbischofs geworden wäre, und wie andererseits Mozart seinen achtlosen Übereifer mit der Leidenschaft für die Oper entschuldigt. »Doch ich rede nur so wie es mir ums Herz ist; – wenn ich vom Papa durch Gründe überzeugt werde, dass ich Unrecht habe, so werde ich mich obwohl ungern darin ergeben; denn ich darf nur von einer Oper reden hören, so bin ich schon ganz außer mir,« schließt er nach der liebenswürdigen Bescheidung seines Wesens auch hier.

Am 11. Oktober 1777, also nach vollem vierzehntägigem Aufenthalt verließen sie München. »Die schönen Worte, Lobsprüche und Bravissimo zahlen weder Postmeister noch Wirte«, ermahnt der Vater. Denn: »aufs Geldeinnehmen muss alle Bemühung gehen und aller Bedacht auf wenig Ausgeben, so viel es möglich ist,« heißt es hier leider; »die Absicht der Reise und zwar die notwendige Absicht war, ist und muss sein einen Dienst zu bekommen oder Geld zu erwerben.« Das Letztere war nun aber auch nicht in der reichen freien Reichsstadt Augsburg der Fall, wohin als nach des Vaters Geburtsort zunächst die Reise ging. Bei seinem dort lebenden Bruder, einem Buchbinder wie der Großvater gewesen, fanden sie herzliche Aufnahme, auch gewann wie immer Mozarts Spiel und Komposition die lebhafteste private und öffentliche Anerkennung, aber zu einem Konzerte kam es nicht: die »Patricii« waren nicht bei Cassa. Und als dann die protestantischen Patrizier ihn zu ihrer »vornehmen Bauernstub-Akademie« einluden, betrug das ganze Present – 2 Dukaten. »Das ist gewiss,« sagt der Vater, »mich würden sie schwerlich in ihre Bettel-Akademie gebracht haben,« und wir ergänzen: »Der Prophet gilt nichts in seinem Vaterlande.«

Aber ein Denkmal hat er solcher schöppenstädtischen alten Reichsstädterei gesetzt, wie es nicht treffender gedacht werden kann. Allzu erhöhtes Selbstbewusstsein und das Sichgenügenlassen am überkommenen Besitz und seinen Ehren, das man so oft in diesen alten Reichsstädten fand und das selbst die Jugend dort altkindisch spielend gemacht hatte, – man muss darüber Mozarts Briefe an den

Vater lesen, um ein ganz ergötzlich anschauliches Bild dieser Zustände zu gewinnen und sich recht innig über solcher Welt Beschränktheit zu erheitern. Besonders »Ihro Gnaden« der Herr Stadtpfleger von Langenmantel mit seinem »gestarzten Herrn Sohne« und der »langhacksigten gnädigen jungen Frau« kommen hier bei der bekannten »schlimmen Zunge« der Mozarts umso böser weg, als Wolfgang wohl hätte hoffen dürfen, in der Geburtsstadt seines Vaters eine geziemende Aufnahme zu finden. Auch der goldene Sporn des Papstes Ganganelli reizte diese »freien Bürger« mehr, als er ihnen zum Bewusstsein brachte, welche Ehren ein so junger Künstler bereits gewonnen hatte und dass er dadurch an Stand einem jeden der Herren ebenbürtig war. Besonders ein Offizier der seligen Reichsarmee läuft dabei schlimm an und erfährt, dass mit Mozart nicht wohl zu spaßen war. »So oft ich an deine Reise nach Augsburg dachte«, schreibt der Vater, »so oft fielen mir Wielands Abderiten ein: man muss doch, was man im Lesen für pures Ideal hält, Gelegenheit haben in natura zu sehen.« Der Herr Stadtpfleger sei eben gar sehr an den Respekt der Bürger vor ihrem »regierenden Schellenkönig« gewohnt. Mozart aber hatte hier die beste Gelegenheit zu Studien, wie sie der Künstler braucht, um wirklich nach dem Leben zu malen: bei dem brutalen sich selbst überstürzenden lächerlichen Hochmut des Osmin in der »Entführung aus dem Serail« werden wir solcher Erlebnisse wiedergedenken.

Heiter und so recht nach Mozarts Sinn war die Wiederbegegnung mit dem berühmten Klavierbauer Stein, den er erst erraten ließ, wen er vor sich hatte; – »schlimm« abermals die Zeichnung des Spiels von Steins achtjährigem »Mädl«, der spätern Frau Streicher, die in Beethovens Leben eine so recht das Weib ehrende Rolle hat; – sehr vergnügt der Verkehr im Hause des Onkels, wo die achtzehnjährige Nichte, das »Bäsle«, zu einer kleinen Herzensübung dient, die nachher eine Reihe spaßhafter Briefe erzeugt. »Das kann ich sagen, wenn nicht so ein braver Herr Onkel und Tante und ein so liebes Bäsle da wäre, so reute es mich so viel Haare auf dem Kopfe habe, dass ich nach Augsburg bin«, schreibt Mozart. Das aber sei wahr, sie zwei taugten recht zusammen: »denn sie ist auch ein bisschen schlimm; wir foppen die Leute miteinander, dass es lustig ist.« – Das Scheiden von ihr war denn auch der Art, dass nachher der Vater den »traurigen Abschied von den zwei in Tränen zerfließenden Personen, des Wolfgangs und des Bäsle«, auf die Scheibe ihres Zimmerschießens malen ließ. Alles Übrige dieses Aufenthalts aber muss man in den Briefen selbst lesen, es ist sehr ergötzliche Genremalerei.

»Wie mir Mannheim gefällt? – so gut einem ein Ort ohne Bäsle gefallen kann«, heißt's dann bald. Denn diese Residenz des ebenso kunstsinnigen wie schwelgerisch üppigen Kurfürsten *Karl Theodor* war das nächste Ziel der Reisenden, um den Zweck Wolfgangs zu erreichen. Er erreichte denselben auch hier nicht, aber wohl traf ihn hier die erste innere Herzenserfahrung, die sein Gemüt ebenso reifen half, wie sein Geist schon über seine jungen Jahre hinaus hoch entwickelt war.

Die nächste Begegnung war mit dem kurfürstlichen Kapellmeister *Cannabich*, der ihn schon als Knabe gekannt. Er war »ungemein höflich«, das Orchester aber sah ihn groß an: »sie denken halt, weil ich klein und jung bin, so kann nichts Großes hinter mir stecken, sie werden's aber bald erfahren.« Und bald schreibt denn auch die Mutter: »Du kannst dir nicht vorstellen, wie der Wolfgang hier hochgeschätzt wird, sowohl bei der Musik als auch bei Andern; sie sagen Alle, dass er seines Gleichen nicht hat, seine Kompositionen tun sie völlig vergöttern.« Und doch war noch nichts eigentlich Großes, keine Oper darunter, um derentwillen hauptsächlich Mozart seinen Aufenthalt so lange verzögerte. Denn Karl Theodor war vor allen der Beschützer der Bestrebungen um ein deutsches Nationalsingspieltheater und sein Orchester unter Cannabichs Leitung so vorzüglich, dass man es ernsthaft neben des alten Fritz Taktik als die bedeutendsten neuen Erscheinungen im damaligen Europa stellte. Dabei war der Kurfürst leutselig gegen seine Musiker, und diese selbst galten allgemein für »honette Leute«, – der vollständige Gegensatz gegen das Wesen der Musiker in Salzburg. Freilich war der genusssüchtige Ton des Hofes auch in die Bürgerkreise gedrungen, aber was wusste davon Mozarts reines Herz? Im Gegenteil sollte er gerade in diesem üppigen Mannheim eine schöne reine Herzensliebe finden.

Denn jetzt war für diesen unwiderstehlichen Zug der menschlichen Natur sein volles Herz erwacht. Schon in München bei der Komposition der »Gärtnerin aus Liebe« hatte es einmal zu der »liebsten

Schwester« geheißen: »Ich bitte dich, vergiss nicht dein Versprechen zu halten, das ist den bewussten Besuch abzustatten – – – denn ich habe meine Ursachen. Ich bitte dich dort meine Empfehlung auszurichten – – – aber auf das nachdrücklichste – – – und zärtlichste – – – und – – oh – ich darf mich ja nicht zu bekümmern, ich kenne ja meine Schwester, die Zärtlichkeit ist ihr ja eigen.« Das Tändelspiel mit dem Bäsle freilich hatte sein eigentliches Innere nicht berührt: sie war nach Geist und Bildung allzu bürgerlich umfangen und unentwickelt für einen solch bei aller inneren Einfachheit reich entfalteten Geist. Es beweisen dies die spaßhaften Briefe an sie. Jetzt aber ersehen wir, dass bereits die Liebe selbst ihm den Griffel zu führen vermag, und ihr Glühen gebiert auch in der Kunst höchstes Leben.

Da hören wir zunächst, wie lustig es in diesen Musikantenhäusern einer Stadt herging, von der allerdings ein damaliger Berichterstatter sagt, »das Frauenzimmer« sei dort sehr schön artig und reizend. Bei Cannabichs war er bald »wie gewöhnlich« zum Nachtessen und schreibt einmal von solchem Abend: »Ich Johannes Chrysostomus Amadeus Wolgangus Sigismundus Mozart gebe mich schuldig, dass ich vorgestern und gestern wie auch öfters erst in der Nacht um 12 Uhr nach Hause gekommen bin und dass ich von 10 Uhr an in Gegenwart und in Gesellschaft des Cannabich, seiner Gemahlin und Tochter, Herrn Schatzmeister *Ramm* und *Lang* (zwei Bläser der Kapelle) oft und nicht schwer, sondern leichtweg gereimt habe und zwar lauter Unarten, und zwar mit Gedanken, Worten und – aber nicht mit Werken. Ich hätte mich nicht so gottlos aufgeführt, wenn nicht die Rädlführerin die Lisel mich gar so sehr dazu animiert hätte, und ich muss bekennen, dass ich ordentlich Freude daran hatte.« Ja einmal beim Flötisten *Wendling* hatte er in einer besonders vortrefflichen Laune so gut gespielt, dass er nachher – die Frauenzimmer küssen musste. Bei der Tochter sei ihm dies nicht schwer angekommen, denn sie sei nicht zu verachten, – sie war die Geliebte des Kurfürsten gewesen und damals, wie der Dichter Schubart in seiner Ästhetik der Tonkunst sagt, die »erste Schönheit im Orchester«.

Aber mehr als eine solche aufgeblühte Rose fesselte mit der ganzen Unwiderstehlichkeit unschuldvollen Reizes seinen Sinn die so jugendliche *Rosa Cannabich*, »ein sehr schönes, artiges Mädl«, wie er schreibt. Und hier beginnt der Zyklus süßer Liebeslieder, die aus diesem Dichterherzen auch in bloßen Tönen quollen. Daher hier eine Art biographischen Ereignisses für dieses Künstlerleben zu verzeichnen ist. »Sie spielt ganz artig Klavier und damit ich mir ihn recht zum Freunde mache, arbeite ich jetzt an einer Sonate für seine Mademoiselle Tochter«, schreibt er bald nach der Ankunft in Mannheim. Als nun das erste Allegro davon fertig war, fragte ihn ein junger Musiker, wie er das Andante machen wolle. »Ich will es ganz nach dem Charakter der Mademoiselle Rose machen«, antwortete er und erzählt weiter: »Als ich es spielte, gefiel es halt außerordentlich. Es ist auch so: wie das Andante so ist sie.«

Und wie war sie? – »Wie viele solcher süßen unschätzbaren Augenblicke schenkte mir der Himmel in dem lieben Umgang mit der schönen Rose Cannabich, ihre Erinnerung ist meinem Herzen ein Eden,« sagt später ein Maler, und Wolfgang schreibt jetzt von ihr, sie habe für ihr Alter sehr viel Vernunft und gesetztes Wesen, sie sei ernst, rede nicht viel, aber was sie rede geschehe mit Anmut und Freundlichkeit. In Neapel steht die Psyche, eine soeben ausbrechende Rose. Mozart besaß das gleiche feine antike Gefühl für die Seelenstatue des Menschen: ihm blühte hier in seiner hellsehenden Künstleranschauung die Knospe zu der Blüte auf, die in ihr lag. Bald sollte aber dieses fruchtbringende Herzensleben bei ihm selbst tiefere Keime schlagen und sein eigenes Künstlertum zur vollen Blüte bringen.

Und hier treten wir an einen ersten Wendepunkt in Mozarts innerem Wesen, der auch für seine geistige Entwickelung von Bedeutung wurde, indem die Leidenschaft ihm zuerst den Ernst des Lebens wie der Kunst erschloss. Dies verhielt sich aber so.

Schon in der ersten Woche seines Aufenthalts in Mannheim hatte der Hof ihn gehört. »Er spielt unvergleichlich«, hatte der Kurfürst zu ihm gesagt. Kurz darauf sprach er den Kurfürsten »wie seinen guten Freund« und dieser begann: »Ich habe gehört, Er hat zu München eine Oper geschrieben.« »Ja, Ew. Durchlaucht«, entgegnete Mozart, »ich empfehle mich zu höchster Gnade, mein größter Wunsch wäre hier eine Oper zu schreiben, ich bitte mich nicht ganz zu vergessen, ich kann Gott Lob und Dank auch Deutsch.« »Das kann leicht geschehen,« hatte darauf Serenissimus gesagt. So richtete sich denn Mozart für einen längeren Aufenthalt ein, nahm Schüler an und schrieb, wie wir dies bei der schönen Rosa Cannabich sahen, Sonaten oder Variationen für sie. Dazu bedurfte er eines Abschreibers. Das Kopieren aber war, wie er dem Vater einmal klagt, in Mannheim sehr teuer, und so war er, dem das Abschreiben eigener Sachen ein wirklicher Gräuel war, sehr froh nach einiger Zeit – es war zu Anfang 1778 – einen Mann zu finden, der ihm dies unentgeltlich verrichtete: nur hatte er dafür seine Tochter zu unterrichten.

Dieser Mann war Fridolin *von Weber*, Bruder von C. M. von Webers Vater und damals Souffleur und Kopist am Mannheimer Theater. Die Tochter aber hieß *Aloysia*, die später berühmte Sängerin Madame Lange.

Die Familie hatte einst bessere Tage gesehen, aber des Vaters Leidenschaft für die Bühne hatte ihn in diese Lebensenge geführt, wo er sich Jahre lang mit sechs Kindern auf 350 Mark Gehalt angewiesen sah. Doch verwendete er sein musikalisches Wissen so gut, dass diese zweite Tochter schon jetzt – sie war 15 Jahre alt – vortrefflich sang, am Theater mitwirkte und so dem Vater das Gehalt verdoppelt ward. Fühlte sich Mozart hier schon so zu sagen musikalisch zu Hause, – denn die älteste Tochter *Josepha* ward die spätere Frau *Hofer*, für welche die »Königin der Nacht« in der Zauberflöte geschrieben ist, – so ward obendrein rasch sein gutes Herz in Mitleidenschaft gezogen. »Es geht ihr nichts ab als die Aktion, dann kann sie auf jedem Theater die Primadonna machen. Ihr Vater ist ein grundehrlicher deutscher Mann, der seine Kinder gut erzieht, und dieses eben ist die Ursache, warum das Mädl hier verfolgt wird«, so fasst er sogleich in der ersten Nachricht die Hauptdinge dieses Verhältnisses zusammen. »Ich übergehe ihr Singen – mit einem Wort vortrefflich!« heißt es dann später von einer Produktion bei der Prinzessin von Oranien in dem nahen Kirchheim-Bolanden, und zum Schluss: »Ich habe das unaussprechliche Vergnügen, mit grundehrlichen und gut christlichen Leuten in Bekanntschaft gekommen zu sein – mir ist leid genug, dass ich sie nicht schon lange kenne!«

Dies sagt uns Alles. Er widmete der Familie fortan fast jede Mußestunde, studierte der jungen Sängerin alle seine Arien ein, verschaffte ihr Gelegenheit sich hören zu lassen und hatte die Genugtuung, dass selbst *Raaff,* der bedeutendste Tenorist Mannheims und selbst Deutschlands bald rühmte, sie singe nicht wie eine Schülerin, sondern wie eine Meisterin.

Eine Begebenheit aber – denn das Nähere des ganzen Verhältnisses findet man in der biographischen Skizze »Mozarts Aloysia« im »Musikalischen Skizzenbuche (München 1866)« – ist uns auch hier von entscheidender Bedeutung, weil sie unmittelbar in Mozarts Tun und seine Entwickelung als Künstler eingreift. Er war daran gegangen, jenem ersten Sänger, um ihn bei der etwa bevorstehenden Oper für sich zu gewinnen, eine Arie zu schreiben. »Aber gleich der Anfang«, erzählt er in voller Unbefangenheit selbst, »schien mir für den Raaff zu hoch und um ihn zu ändern, gefiel er mir zu sehr. Mithin entschloss ich mich diese Arie für die Weberin zu machen. Ich legte sie beiseite und nahm andere Worte für den Raaff vor. Ja da war es umsonst, ich hätte unmöglich schreiben können, die erste Arie kam mir immer in den Kopf. Mithin schrieb ich sie und nahm mir vor, sie akkurat für die Weberin zu machen.«

Und was enthielten diese Worte, die er nur genommen hatte, weil ihm eine auf dieselben komponierte Arie vom Londoner Bach so gut gefallen hatte und stets in den Ohren war, um zu versuchen, ob er nicht trotz allem im Stande sei, eine Arie zu schreiben, die der von Bach gar nicht gleiche, – was waren diese Worte?

Ein König will einen Jüngling zum Tode führen lassen, der einen Anschlag auf sein Leben machte. Aber plötzlich, wie er ihn anschaut, ruft er aus: »Was ist's, was mich ergreift? Sein Antlitz, sein Auge, seine Stimme! Mein Herz bebt, jede Fiber zittert! In all meinen Gefühlen suche ich die Ursache und finde keine. Was ist's, o Gott, was ist's, was ich empfinde?« Und darauf folgt nun die eigentliche Arie Non sò d'onde viene: – »Ich weiß nicht, woher mir dies zärtliche Empfinden kommt. Solch jähen Wechsel zu erwecken genügt nicht das bloße Mitleid!« War dies nicht Mozarts eigener innerer Zustand? Er wähnte, einzig das Mitleid mit der Lage der Weberschen Familie und höchstens das Interesse für die »schöne reine Stimme« und solches Können in solcher Jugend fesseln sein Herz an dieses Haus, – und es sind die ungeahnten Tiefen, die das erste Gefühl der Liebe in uns auftut, die Wunder, der Zauber, das Zittern, das Glühen, das Jauchzen, die schwe-

bende Seligkeit des Innern, die uns zum ersten Mal ahnungsvoll sehn-
süchtig uns selbst erschließen und in heißer Erbebung unseres tiefsten
Innern jeden Tropfen Blutes neu in uns zu gebären scheinen. In solchem Zustande sang er, wie wir begreifen, dieses »Non sò d'onde
viene« nicht als Musiker, nicht als Künstler, sondern aus jenem vollen
Drang des Herzens, der in letzter Instanz alles wahre Leben erzeugt.
Und wie Pygmalion in solchem glühenden Drang den Stein erweichte,
so schmolz auch er in diesem ersten Feuer der vollsten und mensch-
lichsten Empfindung die elementare Substanz der Musik und gab ihr,
was sie bisher stets nur vereinzelt und mehr zufällig gezeigt hatte, den
seelischen Ausdruck das heißt das Sinnbedeutende in jedem Tone. Es
wird schwer halten, vor Mozart, außer im Volksliede, etwas von diesem tieflebendig beseelten und allerpersönlichsten Empfindungsaus-
druck zu finden, wie diese Arie **Non sò d'onde viene** ihn hat, – sie
steht wie das Portrait Aloysias selbst in »Mozarts Leben« (Leipzig
1877): – es redet hier förmlich alles, redet eine Sprache, die deutlicher, allverständlicher ist als Worte, es erwärmt und entzückt uns,
blickt uns an mit sprechender Gebärde und hat einen Ausdruck als
seien nur wir, nur wir mit dieser Anrede gemeint. Das ist die höchste,
die allerhöchste Wirkung der Kunst, das ist der Augenblick, wo sie ein
zweites, ein ideal verklärtes Leben wird, und Mozart hat diese neue
Weise, diese neue Sprache, die er damit seiner Kunst gewonnen, nie
mehr verlassen: er hat sie aber noch verschönert, erfüllt, vertieft, bis
zu jenem Seelenausdruck, wo wie in den Weisen der Zauberflöte die
Seele selbst vor dem Angesicht ihres Schöpfers steht und in stiller
Beseligung fühlt, dass sie das »Ebenbild Gottes« und sein ewiger Mit-
anteil ist.

Wir schließen also hiermit den Abschnitt von Mozarts innerm
Erwachen und stellen den ersten Herzensproben die ersten Geistes-
taten gegenüber, zu denen diese Liebe zu Aloysia Weber ihm mit der
Arie **Non sò d'onde viene** zuerst die Schranken ganz geöffnet hatte.

* * *

3. Idomeneo

(1779–81)

Die Bahn Mozarts geht fortan durchaus des Lebens gewundene Wege: Enttäuschung folgt auf Enttäuschung, erste Leiden und Schmerzen treten ein, sie weisen auf ein höheres Ziel, als bloße nächste Lebenserfolge sind, und die schärfsten Prüfungen des Herzens geben diesem selbst einen über die eigenen Interessen hinausreichenden Gehalt, der auch erst den vollen Wert des Künstlers ausmacht.

Man würde nämlich sehr irren, wenn man glaubte, Mozart sei damals in dem Girren der Liebe völlig aufgegangen: er vergaß seiner über die eigene zufällige Person hinausgehenden Bestimmung nicht, und selbst in diesem Herzensverhältnis ist als wesentliche Seite noch seine Kunst einwirkend. »Mit dieser Arie hat meine liebe Weber sich und mir unbeschreibliche Ehre gemacht; Alle haben gesagt, dass sie noch keine Arie so gerührt hat wie diese; sie hat sie aber auch gesungen, wie man sie singen soll«, schreibt er an den Vater. Und doch hatte sie die Arie »von sich selbst gelernt« und sang sie »nach ihrem Geschmack«. Wie musste dieser also schon gebildet und ein wie guter Lehrmeister musste dieser junge Komponist sein! Aber singt nicht *Platen*:

> *» Mein Herz und deine Stimme*
> *Verstehn sich gar zu gut!«*

Aloysia hat später mehr als irgendeine Sängerin die Musik Mozarts in fernere Weiten getragen und verstehen gelehrt. Und dies war nötig. Denn auch Mozarts Melodien, die uns heute so allverständlich erscheinen, hatten ihrer Zeit oft einen schweren Stand und wurden erst sehr allmählich den ungleich matteren anderen Weisen der Zeit, besonders der italienischen Cantilene und Koloratur vorgezogen.

41

Auch jetzt hatte er bei diesem Erfolg wesentlich die erhoffte Oper für Mannheim im Auge, die also neben dem ersten Tenoristen vor allem durch ihn auch bereits eine Primadonna gehabt hätte. Allein auch hier erwiesen sich die Hoffnungen trügerisch. Man muss darüber, weil es uns hier im Einzelnen nicht angeht, die Briefe an den Vater lesen, die überaus mannichfaltige Details und ein wirkliches Musik- und Kulturbild einer kleinen deutschen Residenz jener Zeit bringen, die für die deutsche Kunst sehr entscheidend gewesen.

Vor allem erfährt man dort, dass der eigentliche Zweck der Reise stets sicher festgehalten wird. Nur Projekte und Mitteilungen über fleißige Beschäftigung in seiner Kunst, dazwischen wie Ranken um feste Steine die Ausbrüche der ungekannten Empfindung, die ihn beseelt! Er, der so gern nur »spekuliert und studiert« das heißt ganz und gar in seiner Kunst lebt, bemüht sich aufs eifrigste um Unterrichtsstunden, um Aufträge zu Kompositionen jeder Art, und sei es für die ihm so wenig sympathische Flöte. Denn er glaubt immer noch sicher an des Kurfürsten Absicht ihm mindestens eine deutsche Oper aufzutragen. Eine solche, »Günther von Schwarzburg« von Holzbauer, hörte er hier, und was würde nicht erst er selbst mit Künstlern wie Raaff, wie seiner Weber und den ausgezeichneten beiden Frauen Wendling unter Leitung eines Cannabich hergestellt haben! Jedenfalls aber lernte er hier, was man einem guten Orchester zumuten konnte, sowie er einst in Italien gelernt hatte für Gesang zu schreiben.

Als nun die Aussichten auf die Oper sich verdunkelten, – wir haben keine sicheren Nachrichten über die Ursache davon, dürfen aber annehmen, dass neben andern missgünstigen Naturen der bekannte Abbé *Vogler*, der dort Kapellmeister war und sogleich Mozarts Gegner und sogar Feind ward und zeitlebens blieb, hier nicht ohne Einfluss gewesen ist, – als die Angelegenheit mit der Oper wenig mehr versprach, wäre es das Natürlichste gewesen, sogleich weiterzureisen, zumal da ja jetzt Paris nicht mehr so weit entlegen war. Es hatten ihm auch schon die Bläser der Capelle Wendling, Ramm, Lang den Vorschlag gemacht, in den Fasten mit ihnen dorthin zu gehen und gemeinschaftliche Konzerte zu geben: ihr Einfluss, meinten sie, würde ihm auch zu jeder Art Komposition, ja sogar zu einer Oper verhelfen. Und um ihn nun selbst auf seine eigene Nachricht an den Vater: »Hier ist derweilen nichts mit dem Kurfürsten«, dennoch vorerst in Mannheim zu halten, trachteten sie ihm Kompositionen und Stunden zu verschaffen. Dazu kam ein Ereignis, das ihn doppelt fesselte, die Einstudierung einer zweiten deutschen Oper, Rosamunde von *Wieland*, und es ist von Interesse Mozart hier nach seiner vollen Unbefangenheit im Urteil über andere berühmte Männer seiner Zeit kennen zu lernen. »Eine ziemlich kindische Stimme, ein beständiges Gläselgucken, eine gewisse gelehrte Grobheit und doch zuweilen dumme Herablassung«, das sind nicht gerade schmeichelhafte Prädikate. Doch entschuldigt er den Dichter, da die Mannheimer ihn so ansähen, als wenn er vom Himmel herabgefallen wäre. Auch kannte dieser den jungen Künstler selbst noch nicht und mochte daher ihn nicht so behandelt haben wie sich geziemte. Denn bald darauf heißt es: »Der Herr Wieland ist, nachdem er mich nur zweimal gehört hat, ganz bezaubert. Er sagte das letzte Mal nach allen möglichen Lobsprüchen zu mir: Es ist ein rechtes Glück für mich, dass ich Sie hier angetroffen habe! – und drückte meine Hand.«

Wieland war durch seinen Aufruf in dem »Versuch über das deutsche Singspiel« im »Deutschen Merkur« von 1775 – man findet ihn in dem Buche »Gluck und Wagner« (München 1870) – der Hauptvertreter dieser Bestrebungen um ein Nationalsingspiel geworden, und so ist Mozarts Begegnung mit ihm für diesen doppelt bedeutsam und anregend gewesen. Die Aufführung der Rosamunde ward zwar durch den plötzlichen Tod des Kurfürsten Maximilian III. von Baiern verhindert, da Karl Theodor um Neujahr nach München reiste. Allein die Idee einer deutschen Oper blieb fortan eine treibende Kraft in Mozarts Innern. Er schreibt schon in diesen Tagen von der Absicht Kaiser Josephs II. auch in Wien eine solche zu errichten und dass derselbe mit allem Ernst einen jungen Kapellmeister suche, der die deutsche Sprache und Genie habe und im Stande sei etwas Neues auf die Welt zu bringen. »Ich glaube, das wäre so eine Sache für mich!« ruft der spätere Komponist von *Entführung* und *Zauberflöte* dabei aus.

Vorerst ward aus dieser Sache jedoch nichts, so sehr Mozart in seiner jetzigen persönlichen Lebenslage eine derartige Stellung wünschen musste. Dagegen bringt ihn eben dieses jetzt auf ganz andere Pläne, und da dieselben eine sehr nachdrückliche Mittelung und

Schüttelung seines ganzen inneren Menschen im Gefolge hatten, so sind uns dieselben hier von Bedeutung. Werfen sie doch andererseits zugleich ein neues Schlaglicht auf das Verhältnis zu »seiner lieben Weber!«

Der Vater nämlich, der ganz in der Gewissheit der Reise Wolfgangs nach Paris lebte und demselben schon allerhand guten Rat gegeben, auch wie er die Mutter am besten nach Augsburg zurückbringe, erhält plötzlich die Nachricht, Wolfgang gehe nicht nach Paris. Das Wendlingsche Leben gefalle ihm nicht, sie seien »ohne Religion«; auch wisse er nicht recht, was er in Paris zu tun habe; zu Stundengeben sei er nicht auf der Welt: »ich bin ein Komponist und bin zu einem Kapellmeister geboren, ich darf mein Talent, welches mir der gütige Gott so reichlich gegeben hat, – ich darf ohne Hochmut so sagen, denn ich fühle es jetzt mehr als jemals, – nicht so vergraben und das würde ich durch die vielen Schüler.«

Aber was wollte er denn? Warum betont er dieses sein Talent so? – Er wollte mit Webers nach Italien gehen und dort Opern schreiben, in denen sie als die Primadonna fungieren sollte.

»Der Gedanke, einer armen Familie ohne sich schaden zu tun aufzuhelfen, vergnügt mich in der Seele«, schreibt er und sein ganzes Herz liegt vor uns. Freilich zu solchem aufrichtigem Wohltätigkeitssinne kommt nur halb bewusst der Wunsch, bei dem Mädchen bleiben und sie am Ende gar auf diesem Wege der Berühmtheit und ergiebigen Tätigkeit eines italienischen Opernkomponisten ganz sein nennen zu können. Denn »das ist wieder eine Geldheirat, sonst weiter nichts,« hatte er schon Wochen vorher über einen Salzburger Freund geschrieben, »so möchte ich nicht heiraten, ich will meine Frau glücklich machen und nicht mein Glück durch sie machen.« Zunächst wollten sie miteinander auf Konzerte reisen. »Wenn ich mit ihm reise, so ist es gerade so viel als wenn ich mit Ihnen reise«, vernimmt der Vater. »Deswegen habe ich ihn so gar lieb, weil er das Äußerliche ausgenommen ganz Ihnen gleicht und ganz Ihren Charakter und Denkungsart hat. Ich durfte mich um nichts bekümmern; was zerrissen war fand ich geflickt, mit einem Wort, ich war bedient wie ein Fürst. Ich habe diese bedrückte Familie so lieb, dass ich nichts mehr wünsche als wie ich sie glücklich machen könnte, und vielleicht kann ich es.«

Er hatte also in Erinnerung seiner dortigen Siegeszüge selbst den Rat wegen Italien erteilt, und der Vater soll nun »je eher je lieber« die alten Verbindungen wieder anknüpfen, so dass man recht bald irgendwo die Saisonoper erhalte. Für ihr Singen stehe er mit seinem Leben, dass sie ihm gewiss Ehre mache. Dann würden sie zunächst den Papa besuchen und Nannerl werde an Aloysia eine Freundin und Kameradin finden. Denn sie stehe in Mannheim im Ruf wie seine Schwester in Salzburg, der Vater wie seiner und die ganze Familie wie die Mozartsche. »Sie wissen mein größtes Anliegen: – Opern zu schreiben«, schließt er, »ich bin jedem vor Verdruss neidig, der eine schreibt; ich möchte ordentlich weinen, wenn ich eine Arie höre oder sehe. – Nun habe ich alles geschrieben, wie es mir ums Herz ist. Ich küsse Ihnen tausendmal die Hände und bin bis in den Tod dero gehorsamster Sohn W. A. Mozart.«

Allein schon die Mutter fügt eine heimliche Nachschrift bei, dass Wolfgang sogleich Gut und Blut für die Leute gebe; es sei wahr sie singe unvergleichlich und die Wendlings seien ihr nie recht gewesen. Doch er, als er mit den Weberschen bekannt geworden, habe sogleich wegen Paris seinen Sinn geändert.

Der kluge Vater, obgleich ihn dieser Plan Wolfgangs so mit fremden Leuten in der Welt umherzureisen, »fast von Sinnen brachte«, beginnt doch möglichst klar und besonnen dem Sohne sein ganzes bisher fast nutzloses Tun auf der Reise vorzuhalten und ihm dann die Unausführbarkeit seiner Absicht mit tausend Gründen klar zu machen. Überall redet in dem Briefe die treue Liebe wie die maßvolle Besonnenheit, doch macht er von seinem väterlichen Rechte den vollsten Gebrauch und wendet auch manchmal die scharfe Ironie der Mozartschen Natur an. Nur an seinem zu guten Herzen und seiner Leichtgläubigkeit erkenne er seinen Sohn wieder, beginnt es, – man muss den schönen langen Brief an Ort und Stelle lesen, er ist ein Denkmal des Sinnes, der in dieser Familie waltete, – alles Andere sei verwandelt und die für ihn vergnügten Augenblicke seien vorbei. Es komme jetzt allein auf ihn an, sich nach und nach in eins der größten Ansehen zu erheben, das je ein Tonkünstler genossen, – und dies sei er seinem Talente schuldig, – oder von einer Frau etwa eingeschäfert mit einer Stube voll notleidender Kinder zu sterben. »Der Vorschlag mit Herrn Weber und notabene zwei Töchtern herumzureisen hätte mich beinahe um meine Vernunft gebracht,« sagt er. So leichtsinnig seine und der Eltern Ehre aufs Spiel zu setzen! Und wie solle ein so junges Mädchen plötzlich zu Erfolgen in Italien gelangen, wo doch die größten Sängerinnen seien. Zudem drohe jetzt Krieg – wegen der bairischen Erbfolge. Und überhaupt seien solche Pläne nur für kleine Lichter, für Halbkomponisten, für Schmierer. »Fort mit dir nach Paris! Setze dich großen Leuten an die Seite! **Aut Caesar, aut nihil!** Der einzige Gedanke Paris zu sehen hätte dich vor allen fliegenden Einfällen bewahren sollen«, so ruft er energisch genug zuletzt ihm zu.

Wolfgang, als er diesen Brief erhielt, ward unwohl: all seine heiligsten Empfindungen waren hier angerührt, seine kindliche Liebe, sein Pflichtgefühl, seine Ehre und sein künstlerischer Stolz. Nur einen Punkt hatte der Vater wohlweislich unberührt gelassen: seine *Liebe*, denn hier wäre der Sohn taub gewesen. Doch hält er ihm all die wechselnden Neigungen vor, die Zähre für die kleine Kaiserin in München, das Spiel mit dem Bäsle, das Andante für die liebe Rosa Cannabich. So beugt sich denn Wolfgangs kindliches Gefühl unter den Willen wie seine Unerfahrenheit unter die erprobte Klugheit des Vaters. Er habe alles nur aus Eifer für die Familie getan, er bitte alles von ihm zu glauben was er wolle, nur nichts Schlechtes: »ich bin ein Mozart, aber ein junger und gutdenkender Mozart«. Und zuletzt dringt die volle Sonne zutrauender Liebe wieder hervor: »Nach Gott kommt gleich der Papa, das war als Kind mein Wahlspruch und bei dem bleibe ich auch noch!«

Die Abreise ward denn auch sofort vorbereitet und nach kurzer Zeit schon ist Mozart in Paris. Die Klaviersonate in Amoll, die das Datum »Paris 1778« trägt, sagt uns durch ihre energischen Rhythmen und die leidenschaftliche Klage des Finales mehr als alles, was in Mozart damals vorgegangen: es ist die unmittelbarste Sprache eines in Leid zuckenden Herzens und stellt wie kurz zuvor die Arie **Non sò d'onde viene** ein neuerobertes Gebiet dichterischen Ausdruckes in bloßen Tönen dar. Und überhaupt finden wir Mozart nach diesen ernsten Kämpfen mit dem geliebten Vater in seinem Charakter merklich gereift. Der jähe Tod der Mutter in Paris aber hob diesen Ernst des Gemüts noch höher empor. Es folgte dann die schmerzliche Enttäuschung, dass auch die Liebe der schönen Aloysia eine sterbliche gewesen sei, und zuletzt musste er abermals und zwar aufs tiefste selbst sich überwinden und in das verhasste Salzburg zurückkehren. Dies sind die Ereignisse und Erlebungen, die uns auf das erste echte Meisterwerk des Künstlers, auf den Idomeneo führen. Aber den Spuren der Prüfungen dieser Mannheimer Tage, namentlich der vollen Erkenntnis des hehren Wertes väterlich waltender Liebe, wie er es damals am entscheidendsten erfahren, werden wir noch in seinen späten Tagen begegnen.

Wir fahren zunächst gleichmäßig erzählend fort.

»Ich habe in dich, mein lieber Wolfgang, nicht nur kein, auch nur das geringste Misstrauen, sondern ich setze in deine kindliche Liebe alles Vertrauen und alle Hoffnung. Ich gebe dir von Herzen den väterlichen Segen und bin bis in den Tod dein getreuer Vater und sicherster Freund«, so hatte jetzt der heimatliche Abschiedsgruß auf die Reise in fremdes Land gelautet. »Ich muss sagen, dass alle, die mich kannten, sehr unwillig und betrübt über meine Abreise waren«, berichtet dagegen Mozart. Aloysia hatte ihm »aus gutem Herzen« ein kleines Andenken gestrickt. Sie weinten alle, als »unser bester Freund, unser Wohltäter« wegging und: »ich bitt um Verzeihung, aber mir kommen die Tränen in die Augen, wenn ich daran denke«, erzählt er. Sonst war bei ihm jetzt »nichts gehauen oder gestochen«. Doch hatte er des Vaters Willen erfüllt und erfuhr zudem bald in Paris selbst die Freude, dass Raaff, der ebenfalls dorthin gekommen war, ihm versprach für die Zukunft seiner lieben Weberin zu sorgen.

In Paris selbst war für ihn jetzt fast bloß Unbehagen und Enttäuschung zu finden. Die Art der Musik dort war ihm wenig genehm, die italienischen Arien wurden verzerrt und die heimische »Plärrerei« widerstand seiner musikalischen Empfindung, die eben zunächst wesentlich auf den Reiz des Schönen gerichtet war. Und doch war damals in Paris die große Zeit, wo es zuerst entscheidend in der Musik mitsprach: der Kampf der *Gluckisten* und *Piccinisten*.

Wir hörten oben, dass in der italienischen Oper bald mit der »Melodie« auch die Koloratur und äußere Virtuosität ans Ruder gelangt war. Die Franzosen aber hatten ihre Oper selbstständig entwickelt: die Handlung und demgemäß eine musikalische Rezitation, die dem Wort und seinem Sinn entspricht, galt ihnen als die Hauptsache. An diesem Punkte knöpfte, durch eigenen gesunden Sinn und mannichfache theoretische Darlegung jener wälschen Unart bei den verschiedenen Nationen geleitet, der Deutsche *Gluck* eben in Frankreich an, und erhabene Tragödien wie die *Iphigenie in Aulis* hatten bereits auch jede ernstere künstlerische Gesinnung in Paris ergriffen. Wie aber die Masse stets dem sinnlichen Tand und der Mode huldigt, so war bald eine große Gegnerschaft gegen diese Neuerung eingetreten, die gleichwohl nur eine entsprechende Weiterbildung der großen französischen Oper selbst war, und man hatte, ganz gegen sonstige französische Gewohnheit, jetzt gar, durch den Einfluss *Rousseau's* verführt, die italienische Oper über die heimische gestellt und einen Fremden, den Neapolitaner *Piccini* berufen, um dem Deutschen Gluck ein Paroli zu bieten.

Wir wissen heute, wer in diesem Kampfe Sieger geblieben. Mozart stand mit seiner nächsten Empfindung noch auf italienischem, das heißt rein musikalischem Gebiete. Seine deutsche Natur sagte ihm aber, dass dessen tiefste Quellen doch in jenem Ernst der Empfindung und des geistigen Lebens liegen, der auch die Dichtung, vor allem die tragische, schafft, und hier waren ihm freilich die »Wälschen« zu wenig tiefgründend. So neigte er doch, wie sehr er über die damalige französische Musik verstimmt erscheint, innen unwillkürlich zu den ernsten Bestrebungen der französischen Oper. Und überhaupt musste ihm trotz aller Unannehmlichkeiten und des mancherlei Unbequemen und Störenden, das er in Paris erfuhr, der große Ton eines wirklich geschichtlichen Lebens dort im Gegensatz gegen die politische Misere in Deutschland und in Italien imponieren. Vor allem aber die hohe Stellung, welche die Bühne damals in Frankreich einnahm, ist ihm nicht entgangen und nicht ohne entscheidende Wirkung auf ihn geblieben. Er erwähnt noch später in seinen Briefen ausdrücklich, dass dort Hanswurst, das heißt das Possenhafte sogar aus der komischen Oper vertrieben sei. Er kommt freilich erst in dem Augenblick, wo er Paris verlassen soll, zu diesem Bewusstsein eines größeren reicheren kräftigeren Lebens, wie es zehn Jahre später die Revolution zeigte, aber er kommt zu demselben, und so ward seinem eigenen künstlerischen Sinnen und Trachten dort ein kräftigerer Halt und ernsterer

Gehalt gegeben. Und dies ist der Gewinn des damaligen Aufenthaltes in Paris, ein innerlicher, der den Mangel des äußeren Erfolges reichlich aufwiegt.

Das Einzelne dieses Aufenthalts findet man nun wieder in großer Lebendigkeit und oft drastischer Anschaulichkeit in den eigenen Briefen Mozarts, sie bilden ein Stück Kultur- und Kunstleben des damaligen Paris. Freilich zunächst der Tod der Mutter, der Folge der ungewohnten Lebensweise und der vielen Gemütsbedrückung war, bringt eine schmerzliche Verwirrung in sein Dasein. Aber als er erfährt, dass er wenigstens wegen des Vaters ohne Sorge sein kann, atmet er wieder auf, und gar die Aussicht für Paris eine Oper zu schreiben, bringt neuen Lauf in das seit langem stockende Blut des jungen Künstlers. Heiter bekundet sich dies in der sogenannten *französischen Symphonie*, die er eben damals schrieb, und wir vernehmen, welcher zwar rein äußerliche, aber doch dem Leben entsprungene Anlass ihr den so besonders lebhaften Ton gegeben: es war der Charakter der Franzosen selbst, der vor allem auf Leben und Anschaulichkeit gerichtet ist. Schon von einer solchen lebhaften Passage im ersten Satze wurden alle Zuhörer hingerissen, im Finale aber erlaubt er sich mit diesem musikalisch noch recht naiven Publikum einen Spaß wie später Haydn in London mit dem Paukenschlag, der die in der Verdauung begriffenen Gentlemen plötzlich aufmerken machen sollte: er lässt im Gegensatz zur dortigen Sitte zwei Geigen allein piano anfangen, darauf kam sogleich ein Forte. Hatten sie beim Piano sch! gemacht, so hieß es jetzt: »Sie das Forte hören und in die Hände zu klatschen war Eins.« So hat er die Mannheimer Steigerungseffekte hier sofort zu verwenden gewusst.

Allein sonst wieder nur Neid und Intrige! Einem wälschen Maestro *Cambini* hatte er sogleich beim ersten Begegnen »die Augen ausgelöscht«, indem er ein Quartett von ihm aus dem Gedächtnis begann und so ausführte, dass derselbe ausrief: »Das ist ein großer Kopf!« Dieser sorgte nun, dass weitere öffentliche Aufführungen seiner Kompositionen unterblieben, und so müssen denn doch die Musikstunden auch hier wieder aushelfen. Das ist aber für Paris ungemein umständlich und gar für einen Künstler, der, wie er selbst damals schreibt, »sozusagen in der Musik steckt, den ganzen Tag damit umgeht und gern spekuliert, studiert, überlegt.«

Ein Freund vom früheren Aufenthalte in Paris her, der Enzyklopädist *Grimm* nützt ihm diesmal ebenfalls nicht viel. Denn Wolfgang war nicht der Mann sich in einer solchen Stadt, in einer solchen Gesellschaft zurechtzufinden. Grimm schreibt auch dem Vater, er sei zu treuherzig, zu wenig aktiv, zu leicht gefangen, zu wenig in den Mitteln gewiegt, die zu Erfolg führen. Freilich war dies eben Mozarts Natur, dass ihm die oft niedrigen Mittel und Wege der Welt nicht sehr geläufig waren, und sie blieben es zeitlebens. Und da es nun auch mit der Oper nichts ward, so musste der Vater wünschen, dass er bald Paris ganz verlasse, das er ohnehin für ihn ohne Mutter geradezu gefährlich erachtete.

Wolfgangs Auge war auf München gerichtet, wo Karl Theodor jetzt Kurfürst war. Allein der Krieg hielt dort alles noch im Stocken. Derweilen ward in Salzburg selbst eine Kapellmeisterstelle frei und man wandte sich jetzt, nachdem schon vorher bei einem Todesfall mancherlei Anspielungen gemacht worden, zunächst auf Umwegen, dann unmittelbar an den Vater. Und was diente diesem als sicherer Köder für den Sohn? – *Aloysia*! Der Erzbischof wünsche auch eine Sängerin, und Wolfgang hatte sie ohnehin schon dem Vater dringend ans Herz gelegt. Doch geht er zunächst nicht darauf ein. Als aber dann die Stellung für ihn wirklich und in entsprechenderer Weise als früher ausgemacht ist und es heißt, die Weber steche dem Fürsten und Allen erstaunlich in die Augen, da lindert sich sein Hass gegen Salzburg und dessen harten und ungerechten Fürsten. Doch nur die bestimmte Zusicherung des Urlaubs zu Reisen tröstet ihn ganz. Denn: »ein Mensch von mittelmäßigem Talent bleibt immer mittelmäßig, er mag reisen oder nicht; ein Mensch von superieurem Talent, welches ich mir selbst ohne gottlos zu sein nicht absprechen kann, wird schlecht, wenn er immer in demselben Orte bleibt«, schreibt er.

Doch derweilen wird Aloysia ebenfalls in München angestellt. Mozart erfährt dies noch vor der Abreise und mit einem Schlage erwacht seine ganze Abneigung gegen Salzburg: Paris steht wie ein Ort da, wo er gewiss »Ehre, Ruhm und Geld erlangt und den Vater aus den Schulden gerissen haben würde.« Ihm galt es jetzt wieder selbst in München angestellt zu werden, denn er hatte kürzlich noch erfahren, wie sehr das Mädchen ihn liebe: man hatte auch ihn für gestorben ausgegeben und das arme Kind war alle Tage zum Beten gegangen. »Sie werden lachen, – ich nicht, mich rührt es, ich kann nicht dafür«, schreibt er. Allein der Vater verstand abermals keinen Spaß, – stand doch diesmal sicherlich die eigene Stellung und damit das ganze Brot auf dem Spiel, wenn Wolfgang zurücktrat!

Langsam geht diesmal die Reise von statten, denn warum eilen? In Straßburg, in Mannheim wird längere Station gemacht und hier sogar wegen einer melodramatischen Komposition unterhandelt. Allein: »beim Empfange dieses wirst du abreisen!« lautet das kategorische Wort, und doch war in Mannheim »ein rechtes Gereiß« um ihn. Der Vater tröstet ihn, er sei ganz und gar nicht gegen seine Liebe zu Aloysia, umso weniger jetzt, wo *sie* sein Glück machen könne, und nicht er ihres! Und Mozart selbst hatte schon auf der Reise das Bäsle ebenfalls nach München eingeladen und zwar mit dem Zusatz: »Sie werden vielleicht eine große Rolle zu spielen bekommen.«

Allein was hören wir? – Sie schien den, um den sie ehedem geweint hatte, nicht mehr zu kennen, als er eintrat. Deshalb setzte sich Mozart flugs ans Klavier und sang laut: »Ich lass das Mädl gern, das mich nicht will!« – So hat Aloysia's jüngere Schwester *Constanze*, Mozarts spätere Frau, ihrem zweiten Manne erzählt und gab als Ursache an, Mozart, der nach damaliger Sitte an seinem roten Rock wegen der Trauer um die Mutter schwarze Knöpfe getragen, habe ihr nicht gefallen. Allerdings die Offiziere und Herren vom Hofe mögen eben der ersten Sängerin besser gefallen haben, als der kleine Mann da, dessen Herzenstöne sie einst so sehr beglückt hatten. Er hinterließ der Ungetreuen auch damals noch eine Gabe seines Könnens, aber nicht mehr aus seinem Herzen, sondern als Künstler. Die Arie, die er ihr damals schrieb, (Popoli di Tessaglia, Köchel Nr. 316) zeigt uns erst ganz, was jenes Non sò d'onde viene in seiner Kunst und seinem Leben bedeutet.

Aloysia ward nicht glücklich, wir werden davon noch vernehmen. Mozart weinte diesmal seinen Schmerz nicht in Tönen aus, sein Stolz siegte über seine Liebe. Aber seine Briefe sprechen dennoch umso mehr den Zustand seiner Seele aus, als auch die Münchener Anstellungshoffnungen sich wieder als eitel Dunst erwiesen. Gleichwohl sollte sein jetziger Aufenthalt in München bald zu einem entscheidenden Ereignisse in seinem künstlerischen Dasein führen. Diesmal klagt er, er könne nicht schreiben, sein Herz sei zu sehr zum Weinen gestimmt. Und ein Freund meldet dem Vater, er habe ihn seit einer Stunde kaum aus den Tränen bringen können, und schildert ihn uns nach seinem ganzen schönen inneren Wesen so: »Nie habe ich ein Kind gesehen, das mehr Empfindung und Liebe für seinen Vater in seinem Busen trägt als Ihr Herr Sohn. Sein Herz ist so rein, so kindlich gegen mich, wie viel mehr muss es dies nicht gegen seinen Vater sein! Nur muss man ihn hören und wer würde ihm nicht Gerechtigkeit widerfahren lassen als dem besten Charakter, dem redlichsten und eifrigsten Menschen!« Wir hören die Quellen rauschen, denen bald die Töne des Idomeneo, die Arie der Ilia entfließen sollten.

Die Wiederbegegnung kann nicht anders als etwas sehr Rührendes gehabt haben: man muss des Vaters Brief bei der Nachricht von der Erkrankung der Mutter lesen, um dies nachzufühlen, denn Wolfgang kam ja zugleich ohne sie, die innig geliebte Gattin nach Hause zurück. Alles empfing ihn mit offenen Armen, aber: »ich schwöre Ihnen bei meiner Ehre, dass ich Salzburg und die Salzburger nicht leiden kann, mir ist ihre Sprache, ihre Lebensart ganz unerträglich«, hatte er schon früher geschrieben, und die Hauptursache davon lag in seiner Kunst. »Wenn ich in Salzburg spiele oder etwas von meiner Komposition aufgeführt wird, so ist's als wenn lauter Tische und Stühle die Zuhörer wären«, sagt er später und so begreift man, dass sein Gemüt dort »nicht vergnügt war«. Denn: »wenn man seine jungen Jahre so in einem Bettelort in Untätigkeit verschlänzt, ist es traurig genug und auch Verlust«, sagt er.

Die ersten Wochen dieses zu Anfang 1779 beginnenden Wiederaufenthaltes in seiner dumpfen Vaterstadt half ihm das lustige Bäsle vertreiben. Aber jetzt konnte ihre einfache Art seinem voll erwachten Innern noch weniger sein. Der beste Zeitvertreib war ihm zugleich seine Arbeit, und Werke der verschiedensten Art zeigt diese Zeit in Salzburg trotz allem in Menge auf. Die Symphonien freilich sind von ihm selbst später bedeutend übertroffen und die Messen durch das eine Requiem in Schatten gestellt. Aber die Musik zu einem Trauerspiel *König Thamos* hat einen solch vollen inneren Hall, dass hier die Spuren tieferer Lebensprüfung durchaus zu fühlen sind, und darum konnte Mozart den Chören daraus später auch andere Worte unterlegen und sie der Welt als »Hymnen« bekannt machen. Ihr Ton erinnert an die feierlich ernsten Chöre der Zauberflöte, deren Tendenz auch der Stoff des Dramas verfolgte. Der Veranlasser dieser Kompositionen war *Schikaneder*, der uns eben bei der Zauberflöte wiederbegegnen wird. Er war damals Theaterdirektor in Salzburg und für ihn bekam Mozart denn auch jetzt eine komische Oper zu schreiben. Sie hieß »Zaide« und enthielt ebenfalls eine Entführungsgeschichte. Die Komposition derselben war beinahe vollendet, da endlich winkt – im Herbst 1780 – eine erste Erlösung aus der Verbannung: er erhält die Einladung zur Komposition einer Oper für München, – es war *Idomeneo*, und ihr Erfolg besiegelte Mozarts ferneres Geschick, er sah außer zu einem kurzen Besuch Salzburg nicht wieder.

Gegenstand dieses Werkes ist das alte Jephtha-Gelübde, nach Kreta verlegt, wohin dessen König *Idomeneo* von der Zerstörung Troja's zurückkehrt. Auf der Reise hat er in einem furchtbaren Sturme dem Neptun den ersten Menschen gelobt, der ihm begegne. Es ist sein eigener Sohn *Idamante*, der so zum Opfer bestimmt ist. Er will ihn in fremde Lande entsenden: Neptun jedoch erregt einen noch fürchterlicheren Sturm und lässt durch ein Untier das ganze Land verwüsten. Das Volk strömt klagend zusammen und erfährt nun das Gelübde. Als auch Idamante, der inzwischen das Untier erlegt hat, sein Geschick vernimmt, ist er bereit den Zorn des Gottes zu sühnen. Da stürzt seine Geliebte *Ilia* sich zwischen ihn und den Vater, sie will den Tod für ihn erleiden. Aber wie sie niederkniet, »hört man ein großes unterirdisches Getöse, die Statue Neptuns erschüttert sich, der Hohepriester steht in Entzückung, alles bleibt vor Furcht unbeweglich, eine tiefe majestätische Stimme verkündet den Willen der Götter:« Idomeneo soll dem Thron entsagen, den Idamante mit Ilia vereint besteigt.

Man erkennt, es sind große und ernste menschliche Situationen, was hier vorlag, und Mozart hat es verstanden ihnen gerecht zu werden, indem er ihren Kern fasste und die Nebensachen Nebensachen sein ließ. Das Ganze war freilich, obwohl einem französischen Texte entnommen, nach damaliger italienischer Opernsitte in zahlreiche Einzelstücke für Musik zerklüftet, unter denen besonders viel Arien sind, und ist dadurch für das natürliche dramatische Gefühl nicht recht genießbar. Allein diese einzelnen Stücke selbst, mögen sie Jammer oder

53

Schreck, Freude und Zärtlichkeit oder was sonst die Situation bietet, vereinzelt oder gemischt auszudrücken haben, sind stets mit großer Sicherheit von diesem Ausdruck erfüllt und dazu oft mit einem wahren Füllhorn von musikalischer Schönheit überschüttet. Nur da wo der Unfähigkeit oder Beschränktheit der Sänger nachzugeben, von denen z. B. der Tenorist Raaff so »auf den alten Schlendrian versessen war, dass man Blut dabei schwitzen möchte,« – nur da ist der traditionellen Form und dem italienischen Singsang manchmal ein gar zu empfindliches Opfer gebracht. Die Hauptsache aber waren einzelne gewaltige Szenen, die sich wirklich dramatisch darstellen, und hier zeigte sich Mozart als Meister der Bühne und im Besitz der Gluckschen Neuerungen, nicht den Sänger und seine Koloraturen sondern die Musik walten zu lassen, und zwar diese als erhöhtesten Ausdruck der Poesie, das heißt der dramatischen Szene, die sich da vor uns abspielt. Wir erfahren davon manches interessante Einzelne aus Mozarts eigenen Briefen.

Seine Mannheimer Künstler, Sänger wie Orchester, fand er – außer Aloysia, die nicht lange zuvor an das neue Nationalsingspieltheater nach Wien berufen worden war, – in München wieder vor, er konnte also allüberall »gehörig ins Zeug gehen«. Und er wollte es, es war das erste Mal, dass ihm wieder auf der Bühne Gelegenheit ward sich völlig zu zeigen. »Glücklich und vergnügt« war schon seine Ankunft, er wohnte in der Burggasse, da wo heute eine Bronzetafel mit seinem Kopfbilde angebracht ist. Der Kurfürst begrüßte ihn sehr gnädig, und als Mozart seinen besonderen Eifer aussprach, klopfte er ihm auf die Schulter: »O daran habe ich keinen Zweifel, dass alles sehr gut sein wird.« Schon der erste Akt setzte bei der Probe alles in Freude und Erstaunen. Man hatte sehr viel von ihm erwartet, aber das nicht. Frau Cannabich, die mit ihrer kranken Rose allein hatte zu Hause bleiben müssen, umarmte ihn voll Vergnügen und die Bläser kamen wie närrisch nach Hause. Der Oboist Ramm, mit dem noch 1804 Beethoven sein Quintett Op. 16 spielen sollte, gestand ihm als »wahrer Deutscher«, dass ihm noch keine Musik solchen Eindruck gemacht habe – es waren die Doppelchöre bei Idomeneo's Schiffbruch darunter, – welche Freude erst sein Vater haben werde!

Dieser mahnt von daheim sich zu schonen, er kennt seinen Sohn, und wirklich vernimmt man von leichter Erkrankung desselben: »man erhitzt sich halt doch, wenn Ehre und Ruhm im Spiele sind«, heißt es dabei naiv genug. Aber er ist rasch wieder gesund und kann bald melden: »Man ist doch froh, wenn man von einer so großen mühsamen Arbeit endlich befreit und mit Ehre und Ruhm befreit ist: denn fast bin ich es, – denn es fehlen mir noch drei Arien, der letzte Chor, die Ouvertüre und das Ballett – und adieu Partie«. Der Vater hatte ihn erinnert das »Populäre« nicht zu vergessen, das auch die langen Ohren kitzle, – der Künstler entgegnet, in seiner Oper sei Musik für alle Gattung von Leuten, ausgenommen für lange Ohren. Das Werk hatte nämlich einige zur Handlung gehörige Ballettzwischenspiele, also in der Tat selbst die populärste aller Musikarten, den Tanz. Ja sein Genie erlaubt ihm, wie wir sahen, der Besonderheit der Sänger trotz dem Ernst der Sache manches nachzugeben. Wo aber dieser entscheidend ist wie in dem bewundernswerten großen Quartett des dritten Akts, da hat er seine liebe Not mit den Leutchen. Je öfter er es sich auf dem Theater vorstellte, je mehr Effekt machte es ihm selbst und gefiel auch Allen schon am bloßen Klavier. Nur *Raaff* fand es zu lang und nicht genug gesungen. »Wenn ich nur eine Note wüsste, die zu ändern wäre! Allein ich bin mit keiner Sache in dieser Oper so zufrieden gewesen wie mit diesem Quartett«, entgegnete ihm Mozart und Raaff fand sich denn auch nachher »mit Vergnügen betrogen«. Ebenso vergnügt mochten die vier Bläser des Orchesters Wendling, Ramm, Ritter und Lang sein, die in der Arie der Ilia im ersten Akt »obligat« das heißt in selbstständigen Melodien mitzuwirken hatten und hierbei Mozarts eigenes Wesen freudig wiedererkennen sollten. Denn es war die tiefste innere Beglückung durch Freude und Liebe, was die Musik hier auszusprechen hatte, und wie zuvor in dem **Non sò d'onde viene** verstand er dies noch an seinem allerdings frühen Lebensabend in der Arie »Dies Bildnis ist bezaubernd schön«. An beides erinnert die Arie der Ilia. Das Quartett aber setzt Glucks Bestreben, jeden Sänger in jedem Momente möglichst nach seiner Individualität sich aussprechen zu lassen, die Krone auf: selbst bei Mozart finden wir nicht viel Ähnliches, und damals war solcher musikalische Reichtum bei scharfer Charakteristik völlig neu und unerhört.

Der Kurfürst sagte nach dem Donnerwetter im zweiten Akt lachend: »Man sollte nicht meinen, dass in einem so kleinen Kopfe so was Großes stecke.« Und nun erst die Chöre, wo beim Sturm das Volk entsetzensvoll aufschreit! Dieser Chor müsse Jedem auch in der größten Sonnenhitze kalt machen, meinte man im Orchester. Und doch war der dritte Akt noch ungleich reicher. »Fast keine Szene, die nicht äußerst interessant wäre,« sagt Mozart selbst und hat »Kopf und Hände davon so voll, dass es kein Wunder wäre, wenn er selbst zum dritten Akt würde.« Er meint aber auch, dass derselbe wenigstens so gut ausfallen werde als die beiden ersten: »ich glaube aber unendliche Male besser und dass man mit Recht sagen könne: finis coronat opus« (das Ende krönt das Werk). Die Anrede des Oberpriesters bei den Leiden des Volkes durch das Seeungetüm, der feierliche Marsch, das Orakel selbst, – mag hier Glucks Alceste als Vorbild gedient haben, die Größe solcher tragischen Momente war wenigstens verstanden und niemand wird bei diesen Tönen auch heute noch ohne inneren Eindruck bleiben. Es ist aber zugleich eine Schule des echten dramatischen Styls in der Musik geworden, und besonders das Orchester steht schon auf der Höhe von Mozarts Leistungen, von denen eben jeder Spätere das Beste gelernt hat.

Von der Aufführung selbst (Januar 1781) wissen wir nichts Näheres. Der Eindruck aber kann nicht anders als den Proben entsprochen haben. dass Idomeneo heute nur noch im Konzertsaale lebt, verdankt er dem italienischen Textgefüge, das den stetigen Fortgang der Handlung alle zwei Schritte unterbricht. Der italienischen Oper als absoluter Herrscherin setzte Mozart mit diesem Idomeneo ihr Ziel, sie blieb fortan nur noch ein nationales Gebilde. Er zwang die Opernkomponisten fortan auf andere Bahnen zu lenken und mehr und mehr die Forderungen Glucks aufzunehmen, welche die Oper unseres Jahrhunderts auf die Höhe eines wahren Dramas gehoben haben.

Die vollentscheidenden Schritte hierzu taten aber erst *Figaro* und *Don Juan*. Zu ihnen führt uns jetzt unser Weg. Denn der Idomeneo, wie er das erste Meisterwerk Mozarts im monumentalen Style war, bildete mit seinen Folgen auch die Überleitung zu einer ganz neuen Lebensepoche, der Zeit seiner vollen Selbstständigkeit als Mensch wie als Künstler.

* * *

4. Entführung. Figaro. Don Juan

(1781–87)

Es wird berichtet, Mozart habe auch in späteren Jahren den Idomeneo noch ganz vorzüglich geschätzt, und gewiss ist, dass Kenner diese Musik immer ausgezeichnet haben: sie verbindet jugendliche Frische und Lebenskraft mit einer großen Mannichfaltigkeit der Erfindung und Charakteristik in der Kunst. So ist begreiflich, dass das Bewusstsein solchen Könnens, zumal während er an dem Werke selbst arbeitete, Mozart den Busen höher schwellen machte und dass ihm in solchen Augenblicken die Erinnerung an die Salzburger Enge und »Chicane« wahrhaft lebentötend sein musste. »Hinaus! hinaus ins Weite und Freie!« musste es jetzt heißen wie vier Jahre zuvor. Und hatte nicht das nahe Wien, damals Deutschlands Hauptstadt, sich jetzt auch geistig hoch aufgetan und Kaiser Joseph sogar ein deutsches Nationalsingspieltheater errichtet?

Schon im Dezember 1780 hatte Wolfgang geschrieben, wie es denn mit seinem Urlaub stehe? Er sei wahrlich nur ihm, dem Vater zulieb in Salzburg, denn bei Gott, wenn es auf ihn ankäme, hätte er diesmal an seiner Anstellung die Nase geputzt: »mir wird bei meiner Ehre der Fürst und der stolze Adel alle Tage unerträglicher.« Es werde ihm leicht sein bei der jetzigen »großen Protektion« in München auch ohne feste Anstellung durchzukommen, es sei zum Weinen, wenn man an diese Salzburger Verhältnisse denke. Doch durfte er diesmal auch über den Urlaub hinaus bleiben, der Erzbischof weilte Geschäfte halber in Wien, und so konnte er sich jetzt nach vollendeter Oper noch eine Weile in München ausruhen und an den Freuden des Karnevals teilnehmen, während er sonst höchstens bei der lieben Rose und »den Cannabichschen« gewesen war.

Da traf ihn denn mitten in solcher jugendlichen Ausgelassenheit, die nach der gewaltigen Anspannung aller Geister durch viele Monate nur zu natürlich erscheint, um Mitte März 1781 der Befehl des Erzbischofs nach Wien zu kommen. Hieronymus sah die Fürsten dort prunken, warum sollte »Seine hochfürstliche Gnaden« dabei fehlen? Die acht schönen Schecken waren schon dort, das Personal des Hofhalts folgte nach, und wenn es bei Festen mit Musik zu glänzen galt, wer hatte dann einen Mozart aufzuweisen? So kam dieser unvermutet ans Ziel seiner Wünsche, nach Wien, und die Verhältnisse brachten es mit sich, dass er auch dort verblieb.

Zunächst ist er wohl aufgenommen, allerdings bei Tisch mit Köchen und Kammerdienern, die er durch Schweigen und »große Seriosität« von sich fern zu halten hat. Aber schon jetzt heißt es, der Erzbischof »glorire« sich nur mit seinen Leuten. Denn wenn sich für Mozart eine Gelegenheit zeigte sein Können in andern Adelshäusern zu produzieren, versagte er die Erlaubnis, und doch war dort allein auch der Kaiser Joseph zu treffen, auf den für ihn jetzt alles ankam. Vielmehr ließ er ihn jetzt seine Abhängigkeit doppelt fühlen. Der Vater beschwichtigt nach Kräften. Doch Wolfgang fühlt, dass den Erzbischof in Betreff seiner Person nur sein Ehrgeiz kitzele, im Übrigen sei ihm derselbe »wie ein Lichtschirm«. Auch sollten sie immer nur gleich den Bedienten sich an den Wänden umherdrücken. Mozart aber meldet, wie er bei einer Produktion beim Fürsten *Galizin* sich von den übrigen Musikern völlig getrennt und gerade durch in das Musikzimmer zum Wirte gegangen und bei ihm stehen geblieben sei. Für seine Kompositionen zu den erzbischöflichen Abenden ward ihm nichts gezahlt. Ein Konzert für die Musikerwittwen in der jetzigen Haydn-Gesellschaft hatte Mozart allerdings durch seine Kunst verschönen helfen dürfen, weil »die ganze Noblesse Wiens den Herrn Erzbischof darum gequält hatte.« Ein eigenes Konzert auf diesen außerordentlichen Beifall hin zu geben erlaubte derselbe jedoch nicht. Am härtesten aber traf unseren Künstler die Nachricht, dass sie demnächst nach Salzburg zurückkehren sollten. Er ließ also zunächst alle solche Andeutungen darauf unbeachtet, um nur erst ein Konzert zu geben. Dazu zeigt sich eine Aussicht auf Anstellung in der Kaiserstadt selbst. Allein der Vater daheim will auf nichts eingehen.

Da schreibt nun Mozart plötzlich »in der natürlichen deutschen Sprache, weil es die ganze Welt wissen solle und dürfe«, dass der Erzbischof es nur ihm, seinem besten Vater, zu danken habe, dass er ihn gestern nicht auf immer verloren habe. Er habe bei dem gestrigen letzten Konzert im Palais gar zu viel Verdruss gehabt. Und nach kurzer Zeit kommt denn auch der Ausbruch des Zwiespaltes. »Ich bin noch ganz voll der Galle«, heißt es, »man hat so lange meine Geduld geprüft, endlich ist sie aber doch gescheitert.« Der Erzbischof hatte ihn schon zuvor einmal einen »Buben, einen liederlichen Kerl« genannt, der weitergehen solle. Mozart hatte es um des Vaters willen ertragen. Dann hatte man ihn plötzlich ausziehen heißen, und er war zur alten Frau *Weber* gekommen und hatte jetzt auf eigene Kosten zu leben. So wollte er auch nicht eher fort, als bis wenigstens diese Ausgaben ersetzt seien.

»Nun, wann geht Er, Bursch?«, schnauzte ihn aber dann der geistliche Fürst an, und darauf ging's in einem Odem fort, er sei der liederlichste Bursch, kein Mensch bediene ihn so schlecht, er werde die Besoldung einziehen. Er hieß ihn – unerhört! – einen Lump, einen Gassenjungen, einen Dummkopf. Endlich war Wolfgangs Blut zu stark in Wallung und er fragte, Hochfürstliche Gnaden sei also nicht zufrieden mit ihm?

»Was? Er will mir drohen? Er Dummkopf! dort ist die Türe! ich will mit einem solchen elenden Buben nichts mehr zu tun haben.«

»Und ich mit Ihnen auch nichts mehr.«

»Also geh Er!« –

So lautet dieses kulturhistorische Gespräch zwischen einem Fürsten und einem Künstler jenes Jahrhunderts. Und: »Ich will nichts mehr von Salzburg wissen, ich hasse den Erzbischof bis zur Raserei«, endet Mozart den Bericht.

Aber es sollte noch schlimmer kommen. »Ich wusste nicht, dass ich Kammerdiener sei und das brach mir den Hals!«, sagt Mozart und der Vater solle sich freuen, dass er keinen Ehrlosen zum Sohne habe. Allein jetzt waren die speichelleckerischen Bedientennaturen tätig, sie wussten, der Erzbischof verlor einen Künstler nicht gern, um den man sich in Wien vor seinen Augen gerissen. Der Oberstküchenmeister Graf Arco setzte also alles daran die Sache wieder ins Gleiche zu bringen, er verweigerte »aus Mangel an Mut und Liebe zur Fuchsschwänzerei« sogar die Annahme des Entlassungsgesuches. Doch als

Mozart darauf bestand, beging er die seines Herrn allerdings nicht unwürdige Brutalität, – den edlen Künstler mit einem Fußtritt zur Türe hinauszuwerfen!

War schon nach den persönlichen Audienzen beim Erzbischof Mozart ganz erhitzt gewesen, hatte am ganzen Leibe gezittert und auf der Straße wie ein Trunkener getaumelt, so versichert er jetzt, wo er den Grafen treffe, werde er ihm wieder einen Tritt geben. In der Antichambre habe er nicht wie Arco selbst »den Respekt vor den fürstlichen Zimmern verlieren wollen,« aber jetzt werde, und sollte es in zwanzig Jahren sein, »dem hungrigen Esel seine handgreifliche Antwort nicht ausbleiben«. Und als der Vater über solch ein Attentat erschrak, ruft er ein Wort aus, das diesen jungen Künstler über seine ganze Umgebung erhebt und zu den edelsten Vertretern der Menschheit stellt. Wir kennen es aus dem Motto dieser seiner Biographie: » *Das Herz adelt den Menschen!* «

Schmerzlicher aber als all diese Kränkungen seiner männlichen Ehre wurden dem jungen Künstler jetzt diejenigen seines Herzens durch denselben Mann, der ihn füglich gerade hier hätte am besten verstehen sollen, durch den Vater.

»Lassen Sie sich nicht durch Schmeicheleien verführen, seien Sie auf Ihrer Hut«, hatte Mozart schon an ihn schreiben müssen. Aber jetzt kamen zu den misstrauischen Äußerungen noch Vorwürfe, dass er ihn in seinen alten Tagen mit seiner Subsistenz aufs Spiel setze. Er vergleicht ihn mit Aloysia, die kaum in gute Verhältnisse gelangt, sich an einen Komödianten – es war der ausgezeichnete Schauspieler *Joseph Lange,* – gehängt und die Ihrigen vernachlässigt habe, er verlangt sogar, Wolfgang solle das Gesuch zurücknehmen, er sei es seiner Ehre schuldig! Dieser erkennt denn hier aber auch aus keinem einzigen Zuge seinen Vater wieder: »wohl einen Vater, aber nicht den besten liebevollsten, den für seine eigene Ehre und die Ehre seiner Kinder besorgten Vater, – mit einem Wort nicht meinen Vater!« »Begehren Sie von mir was Sie wollen, nur das nicht, sonst alles, nur der Gedanke macht mich vor Wut zittern«, schließt er. Wie das Schaffen den Künstler, so hatte das Leiden den Menschen innerlich mannhaft und sicher gemacht, aber gegen diese Leiden waren alle früheren ein Spiel: wir wissen, wie sehr und in welcher Tiefe seines Gemütes und seiner ganzen Lebensanschauung dieser Sohn seinen Vater liebte und verehrte. Man muss wieder die Briefe selbst lesen. Gar Mangel an Liebe wirft er ihm vor, dann Vergnügungssucht in der großen Stadt und sogar leichtfertigen Umgang! Denn fremde Verleumdung und eigenes Misstrauen reichen einander hier die Hand zu schlimmstem Bunde, und ein Schüler jenes Abbé Vogler, I. P. *Winter*, später bekannt durch sein »Unterbrochenes Opferfest«, spielt dabei eine Hauptrolle. Die Zurückweisungen zeigen uns Mozarts ganzes Herz, sie sind eine förmliche Illustration zu seiner tief reinen und friedensvollen Kunst. »Der Hauptfehler bei mir ist, dass ich *nach dem Scheine* nicht immer so handle wie ich handeln sollte«, entschuldigt er sich einfach bescheiden, und allen anderen Ermahnungen gegenüber sagt er mit dem schönsten menschlichen Selbstbewusstsein: »Ich darf nur meine Vernunft und mein Herz zu Rate ziehen, um zu tun was recht und billig ist.«

So war und blieb denn das stets wenig segens- und ehrenvolle Salzburger Verhältnis für immer gelöst, und wenn auch eines dabei verloren ging, das liebende Vertrauen des Vaters, – so schmerzlich es war, es war ein größerer Besitz dafür eingetauscht, die persönliche Freiheit und die Eroberung eines Grund und Bodens, auf dem die bereits so hoch entwickelte künstlerische Individualität Mozarts nun auch völlig frei schaffend wirken konnte. Dies und die Gewinnung eines dauernden menschlichen Eigenbesitzes in der Liebe und Ehe sind die weiteren entscheidenden Momente in diesem Künstlerleben. Wir gehen zu ihrer Darstellung über und werden bald daraus Mozarts großes monumentales Schaffen in Werken wie *Entführung, Figaro, Don Juan* hervorblühen sehen. Die jüngsten persönlichen Erlebnisse aber hatten in ihm jenen Blick für das Leben und jene innere Freiheit erzeugt, ohne welche solche überragend lebenskundige Art und solche souveräne Charakteristik nicht möglich sind.

Es waren aber auch die Zeit und der Ort, wo so etwas erblühen konnte, und nicht bloß das niederdrückende Gefühl entwürdigender und beengender Verhältnisse in seiner bisherigen Stellung, – nein ungleich mehr das frohlockende Bewusstsein von der gerade für ihn am meisten geeigneten Welt, wie sie sein genialer Blick hier in Wien sogleich erkannte, ließ ihn mit der Energie eines vollen Bedürfnisses diesmal seinen Wunsch erfassen und festhalten. »Und wenn die Welt voll Teufel wär'!« – etwas von diesem zwingenden Muss der Seele ist aus seinen damaligen Kämpfen mit dem geliebtesten Vater herauszulesen, und dies entsprang eben den entsprechenden Lebens- und Kunstverhältnissen, in die er sich, nachdem er längst davon tiefinnen Ahnung gehabt und heißes Sehnen darnach empfunden hatte, jetzt so plötzlich durch einen Zufall versetzt sah. Er fühlte, er könne hier nach seiner ganzen Größe auswachsen, und gleich der Liebe ist der künstlerische Schaffenstrieb ein unwillkürlicher und unwiderstehlich. Dies verstand der Vater nicht, ihm musste daher mit anderen Aussichten beigekommen werden, mit Aussichten auf materiellen Erfolg, und diesen konnte Wolfgang sich und dem Vater getrost versprechen, – er hat auch nicht gemangelt. Und wenn Mozart selbst sogar in diesem reichen Wien, im Grunde muss man so sagen, verkam und vor der Zeit starb, so lag dies zum Teil daran, dass eben sein Genius zu überragend war, um schon von seiner Zeit und Umgebung auch bereits völlig gewürdigt werden zu können, teils daran, dass ihm, dem in solche hohen Aufgaben Versunkenen, die Welt bald mehr und mehr entschwand und es daher Neidern und Feinden leicht gelang, ihm den äußeren Erfolg vor dem Munde hinwegzunehmen und ihn auf seine sonnige wonnige Kunst einzuengen. Diese aber gedieh in Wien selbst eben über alles Hoffen und Verstehen der Zeit hinaus, und wo ständen wir heute ohne diesen Mozart? Trotz Goethe hat er uns in der Kunst das Gefühl für die letzte und reinste Schönheit bereitet und zuletzt auch die letzten und innersten Tiefen des Herzens eröffnet. Und dazu half eben vor allem Wien und Österreich.

Österreich hatte sich in diesen beginnenden 1780er Jahren von den Wunden des siebenjährigen Krieges erholt, es war Besitz unter den Leuten und besonders in der Hauptstadt ließ der reiche Adel der östlichen Provinzen, diese Esterhazy, Schwarzenberg, Thun, Kinsky, ein unermessliches Geld. Dazu waren die sozialen Verhältnisse noch nicht getrübt, Adel und Bürgertum lebten in guter Harmonie miteinander und über allen thronte innig geliebt und in der Tat ein Ideal österreichischen Wesens, wie es seit Maximilian I. nicht dagewesen, *Kaiser Joseph* II.: er hat an Gemüt und Bildung sozusagen als die andere Seite des alten Fritz zu gelten, der seinerseits damals die Intelligenz und praktische Tatkraft des deutschen Geistes am wirksamsten vertrat.

Und dies gab eben dem österreichischen und vor allem dem Wiener Wesen jenen ganz besonderen Zug und Gehalt, aus dem ein Gebilde der Kunst hervorgegangen ist, das einzig in Rafael und der Antike sein Vorgängertum und zugleich ebenbürtiges Gegenstück hat: die *deutsche Kammermusik.* Haydns, Mozarts, Beethovens Quartette allein genügten, diese Wiener Zeit von 1775–1825, eine Spanne von fünfzig Jahren, für alle Zeiten unvergesslich zu machen, und dazu kamen noch die Opern und die Instrumentalmusik dieses leuchtenden musikalischen Dreigestirns, dem Gluck voraufgegangen!

Das ganze Dasein in Wien schwamm damals in einer warmen Sinnlichkeit, das Leben hatte kaum einen Stachel, und unbefangen rührte und zeigte sich jede seiner nächsten Regungen. Ist nun dies schon an sich der natürlichste und fruchtbarste Nährboden für eine geistige Produktion, die eben zunächst auf die Sinne wirken und durch sie zu unserm geheimsten Herzensleben und höchsten Geistesschauen reden will, für die *Kunst,* so war dadurch speziell für die Blüte der Musik die nächste und unersetzlichste aller Bedingungen gegeben: dieses scheinbar ganz in Sinnlichkeit versunkene Leben hatte auf seinem Grunde wie eine Widerspiegelung der ewig leuchtenden und wärmenden Sonne das deutsche *Gemüt,* jenen ausgleichenden Frieden und das schöne Gelten- und Gewährenlassen alles dessen, was neben mir lebt und sich regt. Dazu der hohe Grad von Bildung, der damals Wien auszeichnete und zum Teil noch direkt von der Berührung mit der Zeit der höchsten Blüte der italienischen Kultur, mit der Renaissance zusammenhing! Diese Adelshäuser, diese begüterten feinen Bürger- und Gelehrtenfamilien und wieder an der Spitze wenn auch nicht gerade in der Musik so doch überall sonst als der edelst Gebildeten Einer, der Kaiser! Wahrlich ein bloßer Gedanke an die übrigen Hauptstädte des gebildeten Europa von damals, an Paris, London oder gar Berlin überzeugt uns, dass ein Gluck, Haydn, Mozart oder Beethoven dort nie hätte gedeihen können. Aber in Wien gediehen sie vollauf, und wir hören namentlich die beiden letzteren Künstler selbst bestätigen, dass es eben Wien war, wo sie allein gediehen, das heißt zu demjenigen Künstlertum auswachsen konnten, dessen Keim sie als ein anvertrautes Pfund in sich fühlten.

Und wie stand es nun des Näheren mit Musik und Theater in jenen Tagen? – Sehr viele der großen Häuser hatten eigene Musik, die rei-

chen Fürsten oft eine Privatkapelle, die andern Familien Streich-
quartett oder Klavier, und dieses letztere nicht zu dem entsetzlichen
Übegeklimper unserer Tage sondern zu einem Spiel um, wie Ph. E.
Bach sagt, »das Herz zu rühren«. Seit der Zeit der norddeutschen
Organistenschulen, aus der ein achtes Weltwunder wie Seb. Bach
hervorging, dem alle Quellen seiner speziellen Kunst miteinander
sprangen, hatte die Welt kein solch goldenes Zeitalter der Musik
gesehen, und Beethoven erinnerte sich desselben mit einer gewissen
Wehmut, als mit den großen Revolutionskriegen eine Zeit der Härte
und Öde eingetreten war, wo das Gemüt und mit ihr die Kunst der
Seele, die Musik schweigt. Und eben aus jener ersten reichquellenden
Zeit der deutschen Musik, deren lebendiger Mittelpunkt das höchste
aller Menschengüter, die *Religion*, war, hatte dieser jüngere Sohn Seb.
Bachs, *Philipp Emanuel Bach*, jetzt die Musik hinübergeführt und ihr
durch seine »Sonaten für Kenner und Liebhaber« auch das Gebiet
des freien menschlichen Daseins erschlossen. »Er ist der Vater, wir
sind die Buben,« hat Mozart von sich selbst und J. Haydn gesagt, von
dem wir übrigens das gleiche eigene Geständnis besitzen, und sie
beide waren es nun, die dieser freien Sprache der Musik sozusagen das
ganze menschliche Leben auftaten und so mit Beethoven gemeinsam
in ihren Sonaten, Quartetten, Symphonien der Zeit und Menschheit
selbst wieder förmlich das Herz öffneten. Das war es, warum Mozart
schreiben konnte, gestern hätten ihn die Damen nach dem Konzert
noch eine ganze Stunde am Klavier gehabt: »ich glaube, ich säße noch
dort, wenn ich mich nicht davon gestohlen hätte!«

Und nun weiter! »Meine einzige Unterhaltung besteht im Theater, ich wollte dir wünschen hier ein Trauerspiel zu sehen. Überhaupt
kenne ich kein Theater, wo man alle Arten Schauspiele vortrefflich
aufführt, aber hier ist es«, so schreibt er bald der Schwester. Und freilich wo ein *Schröder* wirkte! Und dann war ja damals *Shakspeare* auf-
getaucht und die deutsche dramatische Literatur in *Lessing* und *Goethe*
im Aufblühen begriffen! Da ist wohl an einen Figaro, einen Don Juan
zu denken. Aber auch von einem Nationalsingspiel-Theater hörten wir
schon. Nicht als wenn Joseph II. in der Musik deutsche Sympathien
gehabt hätte! Dafür war er zu sehr in der italienischen Kunst aufge-
wachsen und sein Musiksinn, so gebildet er war, nicht tief genug. Aber

er musste den nationalen Bestrebungen auf solchen Gebieten nachgehen, da ihm Friedrich der Große die übrigen fast alle verrannt hatte. So bildete damals Wien mit Mannheim und Weimar zusammen die entscheidende Trias, aus der eine *deutsche Kunst* für Musik und Theater hervorgegangen ist, und was diese Bestrebungen bedeuten, erkennen wir aus der Sternenbahn von Mozarts Zauberflöte über Beethovens Symphonien bis zum Ring des Nibelungen in Bayreuth von 1876, – wahrlich ein glorioses Säkulum der Kunst für Deutschland!

Zu diesem deutschen Singspieltheater kam nun Mozart gerade recht. Denn Gluck komponierte nicht mehr, sein Sieg war entschieden und sein Zenit war fast erreicht, er nahte sich den Siebzigern. Sein Schüler *Salieri* war freilich der »Abgott des Kaisers«, aber er war eben Italiener, und die übrigen Wiener Komponisten bedeuteten damals nicht viel. Haydn aber war auf diesem dramatischen Gebiete nicht eigentlich tätig, weilte auch zumeist in Eisenstadt bei seinem Fürsten Esterhazy. Norddeutschland hatte nichts Epochemachendes mehr aufzuweisen, seine vorwiegend »gelehrte« oder formalistische Musik wäre auch nicht nach Wiener Geschmack gewesen. Was stand also näher als den jungen Meister zu nehmen, der zudem noch soeben in einer andern Residenz sein überragendes Können gezeigt hatte? Und wirklich sprach auch schon bald nach seiner Ankunft der Kaiser selbst den Wunsch nach einer solchen deutschen Oper von Mozart aus, und nachdem der Intendant Graf *Rosenberg* in einer Privataufführung den Idomeneo gehört, vernehmen wir, dass er Auftrag zu einem Textbuch für Mozart gegeben: es ist »Belmonte und Constanze oder die *Entführung aus dem Serail*«, und Mozart berichtet dazu (1. August 1781), sein Geist sei so erheitert, dass er mit der größten Begierde zum Schreibtisch eile und mit der größten Freude daran sitzen bleibe. Ja eine und zwar die schönste Arie, Belmonte's »O wie ängstlich, o wie feurig« war damals sogleich fertig geworden.

Allein zunächst wird die ganze Sache verschoben und zwar nicht zum Nachteil derselben. Denn Mozart erlebte derweilen Dinge, die ihm ermöglichten, die künstlerische Feder so recht tief in jenes feurige Nass zu tauchen, aus dem die wundervolle Farbentiefe und gelbreife Süßigkeit kommt, die außer ihm fast nur Rafael besitzt: *er fand eine innige Herzensliebe.* Und da diese den gleichen Einfluss auf sein Leben wie auf seine Kunst hatte, – denn sie führte zu dem entscheidenden Herzensbunde der Ehe, – so haben wir hier zunächst dieses wie immer aus Herzensnot und Seligkeit gewobene wichtige Stück Leben unseres Künstlers zu betrachten.

Wir hörten schon, Mozart war in der Eile, als er das erzbischöfliche Palais verlassen musste, zu Webers gezogen. »Da habe ich mein hübsches Zimmer, bin bei dienstfertigen Leuten, die mir in allem, was man so geschwind braucht, an die Hand gehen«, schreibt er. Madame Weber erhielt sich nach dem Tode ihres Mannes durch Zimmervermieten, wobei ihr die Töchter zur Hand sein konnten. Sie wohnte im *Auge Gottes* am Petersplatz, das noch heute steht. Der Vater argwöhnt sofort andere Dinge. Mozart antwortet: »Bei der Lange (Aloysia) war ich Narr, aber was ist man nicht, wenn man verliebt ist!« Jetzt handelte es sich ihm zunächst neben gutem Logis nur darum, Leute zu haben, die an seinem verzehrenden Ärger und Kummer um den Erzbischof und den Vater zugleich persönlichen Anteil nahmen, und dies fand er hier. Brauchte er doch, der jetzt immer zu komponieren hatte um zu leben, »einen heiteren Kopf und ein ruhiges Gemüt!« Gleichwohl drängt der Vater auf Verlassen dieser Wohnung und Mozart tut es endlich im Herbst. Doch wenn er sagt, »wegen dem Geschwätz der Leute« und wissen möchte, was man über ihn so in den Tag hinein zu reden habe, dass er in ein Haus ziehe und die Tochter heirate, so war dies eitel Selbsttäuschung. Denn schon hatte eben die »zärtliche Sorge und Bedienung«, mit der die dritte Tochter *Constanze* sich seiner annahm, die gegenseitige Neigung geboren.

Man muss nun die Einzelnheiten der Entstehung wie des Bestandes dieses schönen Verhältnisses einer echten Künstlerliebe in der Skizze » *Mozarts Constanze.* Ein deutsches Frauenbild« in den obengenannten »Neuen Bildern« lesen. Wir beschränken uns hier auf das Notwendigste.

Constanze Weber, 1764 geboren, stand damals im achtzehnten Lebensjahre, war also acht Jahre jünger als Mozart. Sie war schon als Mädchen damals in München seine Klavierschülerin gewesen und jetzt gab er ihr zugleich Gesangunterricht. So hatte Mozart auch einen äußeren Anlass nach wie vor in dieses Haus zu kommen, und dass es Musik war, was sie da miteinander trieben, die Sprache der Seele, musste sie bald genug ganz von selbst innerlich einander nahe bringen. Abends »narrierten« sie dann miteinander, denn es kamen auch Freundinnen, und Mozart erinnert noch in einem späten Ehebriefe daran, wie sie mit einer solchen »Versteckens« gespielt. Zugleich aber treten jetzt mancherlei Umstände drängend hervor. Seine Jahre, sein Temperament, welches mehr zum ruhigen Leben geneigt war, – er der von Jugend auf niemals daran gewöhnt war auf seine Sachen Acht zu geben und daher jetzt viel unnütze Ausgaben hatte, – dann dass er, von der anstrengenden Tagesarbeit ermüdet, sich wenn er nicht eben bei Webers war, allein und öde fühlte: war es ihm doch, als er nun im September ausgezogen, als wenn einer von seinem eigenen Wagen sich in einen Postwagen setzte! Und da er obendrein mit dem nur unserem tiefsten Gefühle eigenen Instinkte stets mehr zu dem Bewusstsein kam, dass sie »die Rechte war«, so stellt er dem Vater mit freimütiger Sicherheit die Notwendigkeit und die bestimmte Absicht zu heiraten vor.

»Nun aber, was ist der Gegenstand meiner Liebe?«, schreibt er im Dezember 1781. »Erschrecken Sie auch da nicht, ich bitte Sie. Doch nicht eine Weberische? Ja eine Weberische, aber nicht Josepha, nicht Sophie, sondern Constanze, die mittelste.« Und nun bekommen wir eine Beschreibung, die durch die damals waltende Empfindung etwas übertrieben und gefärbt werden musste. Er habe in keiner Familie eine solche Ungleichheit gefunden. Die älteste sei faul und grob und habe es dick hinter den Ohren, die Lange gar falsch und kokett, – und doch hatte er im Frühjahr geschrieben, sie sei ihm auch jetzt noch nicht gleichgültig! – die jüngste, Sophia, die uns ebenfalls noch begegnen wird, sei noch zu jung um etwas sein zu können, sei nichts als ein gutes aber zu leichtsinniges Geschöpf: »Gott möge sie vor Verführung bewahren!« Und nun erhalten wir eine Schilderung von »der Liebe Müh'«: »Die mittelste aber, nämlich meine gute liebe Constanze ist die Märterin darunter und eben deshalb vielleicht die gutherzigste geschickteste und mit einem Wort die beste darunter. Die nimmt sich um alles im Hause an und kann doch nichts recht tun.« Er könne ganze Bogen von den bösen Auftritten in diesem Hause schreiben. Eben diese aber hatten beide so recht eng zusammengeführt: es war die Probe ihrer Zuneigung zu einander gewesen.

Und dann schildert er sie, – man findet ihr Portrait nach dem Ölbilde im Mozarteum ebenfalls in der zweiten Auflage von »Mozarts Leben«, – sie sei nicht hässlich, aber auch nichts weniger als schön, ihre ganze Schönheit bestehe in zwei kleinen schwarzen Augen und einem schönen Wachstum; sie habe keinen Witz aber Menschenverstand genug, um ihre Pflichten als Frau und Mutter erfüllen zu können; sie sei nicht zum Aufwand geneigt, das sei grundfalsch, sondern gewohnt schlicht zu gehen, denn die Mutter wende das Wenige was sie tun könne an die zwei andern; sie könne sich alles selbst machen, verstehe die Wirtschaft, habe das beste Herz von der Welt: »– ich liebe sie und sie liebt mich von Herzen, sagen Sie mir, ob ich mir eine bessere Frau wünschen könnte?« Und den besten Kommentar dieser Worte geben die Stücke, die von »Belmonte und Constanze« wie die Entführung ja auch hieß, bereits fertig waren, vor allem jenes »O wie ängstlich, o wie feurig« aus den Sommertagen von 1781, und die Arie »Ach ich liebte, war so glücklich«, deren Text von Constanze's Hand abgeschrieben vorhanden ist.

Denn auch diese letzte Not, »der Trennung banges Loos« sollte ihm wenigstens dräuen. Zuerst der Vater, dann der Vormund der Tochter, darauf die Mutter waren gegen die Heirat und endlich bereitet ihm der störrische Jugendübermut der Geliebten selbst die Gefahr des Scheiterns seines schönsten Lebensglückes. Denn dies war es, es blickt durch alle jene Not mit offenen Augen aus Mozarts Briefen hervor, und niemand kennt Mozart ganz, der ihn nicht auf diesen Spuren seines persönlichsten Lebens aufsucht. Wir hier kommen jetzt zunächst zu den künstlerischen Resultaten dieses neuen Wiener Daseins.

An Klavier- und Kammermusik war natürlich gar manches entstanden, das Bedürfnis nach Neuem blieb in all diesen Wiener Zirkeln stets sehr groß, und wer konnte bereiter sein ihm zu willfahren als Mozart, der mit seinem Ruhm und jetzt gar mit seinem Lebensunterhalt von dieser Aufnahme in der Kaiserstadt abhing? Allein die Entscheidung lag doch in der ihm übertragenen Oper, und diese ward denn auch zum Glück im nächsten Frühjahr 1782 wiederaufgenommen. Und trotz aller Quälereien und Ärgernisse mit dem eigenen Vater und der Mutter seiner Braut gelang es ihm rechtzeitig damit fertig zu werden.

Allein er verschrieb sich denn auch öfters bis 1 Uhr nachts: »und dann um 6 Uhr wieder auf!« Und wenn auch hier von der außerordentlich fleißigen Detailarbeit nicht Rede ist wie bei dem Idomeneo, dem er alle Zeit, alle Kraft, jede Gemütsregung und Phantasietätigkeit widmen konnte, so durfte er doch selbst gegen den Vater sich gestehen: »Ich freue mich recht sehr auf diese Oper«. Jedoch hatte er, der sonst »schlechterdings seinen eigenen Empfindungen folgte«, diesmal möglichst auf den Geschmack der Wiener Rücksicht genommen, und dieser ging in solchem Genre auf leichtbeschwingte Heiterkeit und drastische Komik. Diese sehen wir denn auch in dem Werke vorwalten. Und wenn der innigste Gemütston an den entscheidenden Stellen nicht fehlt, noch weniger fehlt die charakteristische Zeichnung und vor allem ein Humor, der in diesem Falle manchmal bereits an Shakespeare heranreicht. »Man sieht das Zittern, das Wanken, man sieht wie sich die schwellende Brust hebt, welches durch ein Crescendo ausgedrückt ist, man hört das Lispeln und Seufzen, welches durch die ersten Violinen mit Sordinen und eine Flöte im unisono ausgedrückt ist,« schreibt er selbst von *Belmonte's* »O wie ängstlich«, das denn auch die Lieblingsarie von Allen, ja von ihm selbst war. Und doch entzückte das Rondo »Wenn der Freude Tränen fließen« noch mehr: es enthält auch allerdings jene Stelle »Ach Constanze, dich zu sehen, dich voll Wonne und Entzücken an dies treue Herz zu drücken!« – eine Stelle, an der die deutsche Musik zuerst völlig die Sprache der ernsten männlichen Liebe und innigen Hingebung gelernt hat, wie sie einst mit dem Choral die Erhabenheit der religiösen Empfindung in Tönen fand. Dieser Charakter des »deutschen Jünglings« auch in der Musik war durch die Gestalt dieses Belmonte sozusagen für immer festgestellt. Man denke nur an Beethovens Florestan und Wagners Walther von Stolzing!

Aber ebenso die Gestalt des dummen groben und boshaften Haremswächters *Osmin* in dieser derben Komik und doch mit stilvollstem Adel in der Form war neu. Da ist der »gestarzte Herr Sohn« des Augsburger Schellenkönigs, es ist der ganze brutale Hochmut des Salzburger Divans mit seinem trefflichen Oberstküchenmeister nicht vergeblich in diese Existenz getreten. Aber des Künstlers Rache bleibt edel und wirkt darum auf ganze Geschlechter veredelnd. Man muss in den Briefen lesen, wie er selbst bei Osmins Arie »Drum beim Barte des Propheten« sich dieser Komik völlig bewusst war, dass alle Torheit und alles rohe Übermaß sich gewissermaßen selber straft und zum Spott und Hohn wird. Es liegt hier in der ganzen skizzenhaften Zeichnung schon das Material, aus dem zwei Menschenalter später der »wilde Wurm« im Nibelungenring aufgebaut ward. Die schwerfälligen Rhythmen sogleich im ersten Liede, das Ungeschlachte der ganzen Bewegung und das fast Brüllende des »Trallalara!« – es ist die ganze Art der ungezähmten Wildheit brutaler Natur, eine grandiose Rohheit auch im kleinen Rahmen.

Nun die Aufführung! – Es war am 12. Juli 1782. Das gedrängte Haus wollte mit Beifall und Dacaporufen nicht enden: wie hoch gespannt die Erwartungen gewesen, durch solche Musik, die in Wohllaut und Schönheit getränkt doch stets lebendigstes Leben und drastische Zeichnung bot, die der charakteristischen Wahrheit nicht den Adel der Form opferte, aber auch nicht bloß mit »blinkenden Reden« verführte, war man überrascht, entzückt, hingerissen. Eine Aufführung folgte rasch der andern, und dies obwohl am Theater selbst die stärkste Kabale dagegen war. Denn die Italiener, Salieri an der Spitze, sahen das Aufkommen einer deutschen Bühne nicht gern, es störte ihre Kreise, bedrohte ihre Alleinherrschaft. Sogar das ausführende Personal wussten sie zu bestricken, so dass die Darstellung selbst »verwischt« wurde: »ich war so in Wut, dass ich mich nicht kannte«, schreibt Mozart. Aber das Bravorufen konnten sie doch nicht verhindern und Mozart selbst sagt: »Es tut Einem doch wohl, wenn man solchen Beifall erhält.« Von dieser »Entführung« läuft denn auch die ununterbrochene Kette der Wirkungen und Erfolge bis zu der universalen dramatischen Produktion unserer Tage, die nach einem Menschenalter Europa noch mehr und in entscheidenderen Regionen des geistigen Lebens beherrschen wird, als damals die italienische Oper, die dieser ersten deutschen Oper den Erfolg zu erschweren und gar sie selbst bald zu verdrängen wusste.

Denn dies geschah und Kaiser Joseph war schwach genug, der wälschen Herrschaft von neuem so völlig die Oberhand einzuräumen, dass Mozart dann selbst nicht anders konnte als in diesen Bacchantenchor miteinzustimmen, aber ihn dann freilich auch zu wirklich diony-

70

sischer Schönheit und Fülle zu erheben. Dies geschah mit dem *Figaro*, und seine Entstehung ist unser nächstes Ziel.

Das Erste, was nach Beendigung dieser großen Arbeit als durchaus selbstverständlich und dem natürlichen Abschlusse nahe sich hervordrängte, war seine Verbindung mit Constanze, und durfte er nach solchem Erfolge nicht auch die Ehe und den eigenen Hausstand wagen? Freilich Joseph II. hatte von dem Werke gesagt: »Zu schön für unsere Ohren! – Und gewaltig viel Noten, lieber Mozart!« – worauf dieser in edlem Freimut entgegnete: »Gerade so viel Noten, Ew. Majestät, als nötig ist.« Aber *Gluck*, weitaus die erste Autorität Wiens in Bühnendingen, ließ sich die Oper, obwohl sie noch wenig Tage vorher gegeben war, besonders aufführen, machte dem Komponisten viel Komplimente und lud ihn zum Speisen ein. Dies war demselben ein besseres Horoskop als alles Andere. Doch hatte er auch noch andere Gönner. Fürst *Kaunitz*, der »Kutscher von Europa« war selbst mit dem Kaiser sehr unzufrieden, dass er die Leute von Talent nicht mehr schätze und sie aus seinem Gebiete ließe. Er hatte unter anderm zum Erzherzog *Maximilian* gesagt, als von Mozart Rede war, solche Leute kämen nur alle hundert Jahre auf die Welt und man müsse sie daher festzuhalten trachten.

So drängt er jetzt mit aller Gewalt in den Vater. Hatten doch die Quälereien der Mutter schon dahin geführt, dass Mozart das Mädchen zu seiner Freundin und Gönnerin Frau *von Waldstädten* bringen musste! »Mein Herz ist unruhig, mein Kopf verwirrt, wie kann man da etwas Gescheites denken und arbeiten?« schreibt er. Aber der Vater hält die Heirat für sein Unglück und gibt statt der Einwilligung »lauter gutmeinenden Rat«. Da macht denn Mozart kurzen Prozess und inszeniert mit Hilfe seiner Gönnerin die »Entführung aus dem Auge Gottes«, wie er später scherzhaft seine Heirat nannte. Die Baronin schreibt selbst an den Vater, räumt weiß Gott wie die verschiedenen Hindernisse fort, verschafft sogar das Geld zum Ehekontrakt und die Befreiung vom kirchlichen Aufgebot und – am 4. August 1782 findet die Hochzeit der Beiden statt, die sich so innig liebten. Wir müssen den Bericht kennen, den Mozart selbst darüber schrieb.

Bei der Kopulation, heißt es da, als kurz nachher der Konsens des Vaters angelangt war, sei kein Mensch als die Mutter und die jüngste

Schwester, der Vormund und zwei Zeugen gewesen: »als wir zusammen verbunden wurden, fing sowohl meine Frau als ich an zu weinen; davon wurden alle, sogar der Priester gerührt, und alle weinten als sie Zeuge unserer gerührten Herzen waren.« Das Hochzeitsfest bestand aus einem Souper bei der Frau von Waldstädten, welches »in der Tat mehr fürstlich als baronisch war«. »Wir sind schon eine geraume Zeit ledig allzeit miteinander sowohl in die Messe als zum Abendmahl gegangen,« schreibt er einige Tage später, »und ich habe gefunden, dass ich niemals so andächtig gebeichtet und kommuniziert hätte als an ihrer Seite, und so ging es ihr auch. Mit einem Wort wir sind für einander geschaffen und Gott, der alles anordnet und folglich auch dieses alles also gefügt hat, wird uns nicht verlassen.« Er hat sie auch nicht verlassen: es war Segen bei dieser Ehe, innerlicher Segen, denn sie beruhte auf Liebe, und wir werden auch abgesehen von Mozarts Tönen diesen schönsten Widerhall des Lebens, den Wonneklang reiner zärtlicher Liebe hier ebenso hell ertönen hören, wie Mozarts Name selbst als der eines Sängers der Liebe durch die ganze Welt erklingt.

Über den ebenso erheiternden wie rührenden Bestand dieser Künstlerehe selbst nun muss man »Mozarts Leben« nachlesen, das sich gerade in diesem Punkte, wo die Welt ein ganz falsches Bild von Mozart hatte, um ein würdiges, nein nur ein einfach wahres zu bemühen hatte. Denn keiner der Züge dieses Künstlers braucht verwischt zu werden, sie sind alle nur menschlich und selbst die Schwächen liebenswürdig und leicht entschuldbar. Und wenn irgend, so gilt hier das oberste aller moralischen Urteile: »Wer unter euch ohne Fehl ist, der werfe den ersten Stein auf sie!« sowie das andere Wort des heiligen Buches: »Und die Liebe höret nimmer auf«. Wir werden davon noch hören und kommen hier zu den weiteren Taten des Künstlers.

Der Kaiser schätzte wohl das » talent décidé« Mozarts und hatte ihn auch eines Tages zu einem Wettkampfe mit *Clementi* aufgefordert, um dabei so recht seine souveräne Überlegenheit über das mehr bloß formale Talent jenes renommierten Römers zu genießen. Er erkannte aber nicht den vollen Wert dieser »Entführung«, die er sogar einmal mit dem Wort bezeichnete: **Non era gran cosa**, »es war nichts Besonders«, und dies verdross Mozart tief. Er gedachte sogar jetzt Wien zu verlassen und zuerst nach Frankreich zu gehen, dann nach England.

Derweilen hatten die »Wälschen«, vielleicht eben wegen des stetigen großen Erfolges der Entführung, beim Kaiser von neuem eine ausgezeichnete Opera buffa durchgesetzt, die sehr gefiel: »der Buffo ist besonders gut, er heißt Benucci.« Zugleich war seit einiger Zeit jener Lorenzo *da Ponte* in Wien, den die Welt heute als Dichter der beiden größten Opere buffe der Welt kennt, – unsern Figaro und Don Juan. Er hatte denn auch Mozart, der natürlich jetzt ebenfalls auf diese italienische Oper sah, ein »neues Büchel« versprochen, sobald er ein solches für Salieri fertig habe. Darüber vergehen nun freilich ein Paar Jahre, aber es kommt in der Tat dazu. Mozart hatte derweilen bei seinem Besuch in Salzburg im Herbst 1783 eine komische Oper »Die Gans von Kairo« begonnen, sie ward aber nicht vollendet, der Text war zu schlecht, die Ganshistorie zu »dumm«. Eine schöne Fülle rein instrumentaler Musik dagegen fällt in diese Epoche bis zum Figaro: das *Klavierquintett* mit Blasinstrumenten ward am 24. März 1784 fertig, die selbst von Beethoven nicht übertroffene *Fantasie* in Cmoll wie das *Veilchen* im Frühling 1785, – das *Klavierquartett* in Gmoll – »das beste was ich in meinem Leben geschrieben,« – im Juli desselben Jahres, – die *Sechs Quartette* aber, dem Schöpfer der Gattung Joseph Haydn gewidmet, noch in dem gleichen Herbst dieses Jahres 1785, das überhaupt zu den fruchtbarsten seines Lebens gehört. Und doch war Mozart damals schon mit dieser komischen Oper beschäftigt, ja eine andere, Il sposo deluso (Der gefoppte Bräutigam), war ebenfalls begonnen worden, aber eben um des Figaro willen liegen gelassen. Denn kaum hatte dieser Gegenstand Mozarts Sphäre berührt, so war dieselbe auch völlig von ihm erfüllt, und selbst nicht Idomeneo und Entführung hat er mit solcher vollen Hingebung auch seiner ganzen Individualität geschrieben wie diesen Figaro, der zum erstenmal seinen Geist wie sein Gemüt nach allen Seiten hin beschäftigte und zudem seinem Witz und seinem musikalischen Können alle Gelegenheit gab wahrhaft zu glänzen. So liegt denn hier auch ein Ganzes vor, das wie ein geschliffener Edelstein ist und so recht von innen heraus leuchtet. Einzelne Schwächen der Herkunft aus der italienischen Oper treten hier hinter deren Vorzügen zurück, es ist ein Bild des Lebens, das zwar einer bestimmten Zeitepoche anzugehören scheint, dennoch aber im Grunde die Natur des Menschen selbst in ihrer allem Spott und Mitleid preisgegebenen Schwäche zeigt.

Graf Almaviva, der mit Hilfe Figaro's, des Barbiers von Sevilla, seine schöne Gräfin gewonnen, findet dennoch Gefallen an deren reizender Zofe Susanna, die ihrerseits den Figaro liebt. Nun gilt's den Grafen von dieser Torheit zu kurieren. Zunächst wird seine Eifersucht auf den Pagen erregt, und dies gehörig ins Werk zu setzen kostet die Beihilfe mehrer anderer Personen und gibt so eine Reihe köstlicher Szenen, die mit der völligen Verwirrung des Grafen enden. Der zweite Teil der Aktion – denn mehr hat die **Opera buffa** regelmäßig nicht, da sie ursprünglich als »Intermezzo« zwischen den drei Akten der ernsten Oper (**Opera seria**) lag, – findet Susanna bei dem Grafen, wie sie ihm ein Stelldichein abends im Garten verspricht, – heimlich, sehr heimlich! – denn die Frauen haben jetzt miteinander ausgemacht, dass die Gräfin selbst als Susanna verkleidet dort sein soll, während diese dann die Gräfin spielen und die Kosenden überraschen soll. Der Page findet sich ebenfalls ein und überlässt die Ohrfeige, die er wegen seiner Naschhaftigkeit bei der verkleideten Gräfin vom Grafen bekommen soll, dem eifersüchtigen Figaro, der vor der Untreue seiner Susanna gewarnt, sich in diesem Momente sogar für die Dunkelheit zu nahe gewagt hatte. Dafür macht nun er der vermeintlichen Gräfin, die sich jedoch ihm zu erkennen gegeben hat, vor den Augen des Grafen eine glühende Liebeserklärung: da gibt's denn natürlich Lärm, der Graf ruft nach Lichtern und wird dann selbst durch Beschämung und das liebende Verzeihen der Gräfin, wie wir annehmen dürfen, von seiner schlimmen Schwäche für immer geheilt.

So als »des Pudels Kern« der Vorgang in Mozarts Oper, liebenswürdig heiter und für die damalige Zeit und Art nicht allzu gewagt! Aber Mozart gibt nun obendrein den Frauencharakteren des Stückes noch die schönste Innigkeit und Reinheit der Seele und nimmt so selbst dem übermütigen Leichtsinn des Grafen den eigentlichen Stachel, so dass wir innerlich versöhnt den Anblick dieses Stückchens menschlicher Schwachheit verlassen.

Anders war das Original, jenes Le mariage de Figaro ou la folle journée desselben *Beaumarchais*, dem Goethe seinen Clavigo entlehnte. Hier werden die Laster und vor allem die gewalttätige Willkür des Adels gegen Bürgerliche mit solcher Rücksichtslosigkeit gegeißelt, dass das Stück als eine Art Vorspiel jener welthistorischen Augustnacht von 1789 zu gelten hat, die alle und jede Vorrechte des Adels mit einem Federzuge aufhob, und es zeigt also die ganze innere Milde und Würde des Menschen bei Mozart, der doch auch die brutale Hoffahrt der damaligen privilegierten Stände gewiss auf das aller empörendste persönlich erfahren hatte, dass er hier alles in Humor, das heißt in tränenlächelndes Mitleiden mit der Beschränkung und Schwäche der Menschennatur aufzulösen weiß. Denn sicher war dies Mozarts Werk schon sogleich bei der Einrichtung des Textes, so gut wie er es war, der dessen Wahl getroffen hatte.

Hören wir darüber das Nähere.

Jener Lorenzo da Ponte, der zuerst so ganz und gar auf der Seite Salieri's und der Italiener stand, hatte sich jetzt selbst zu Mozart gewendet, um durch ihn seine gefährdete Stellung als Textdichter wiederzugewinnen. Der damals weltberühmte *Paisiello* war nämlich derweilen nach Wien gekommen und hatte mit einer Oper »König Theodor« den größten Erfolg errungen. Den Dichter derselben, *Casti*, auszustechen, verfasste da Ponte ein Textbuch für Salieri, mit dem derselbe aber so gänzlich durchfiel, dass er schwur sich eher die Finger abhacken zu lassen als wieder einen Vers von da Ponte zu komponieren. Zudem wandte sich Salieri jetzt an Casti und errang mit dessen »Grotte des Trophonius« abermals einen großen Erfolg. Da Ponte, der dadurch seine Stelle als Theaterdichter bedroht sah, ging nun zu Mozart. Die Intrigue und Eifersucht dieser Wälschen war es also, was schließlich dennoch diesen selbst ans Ruder brachte. So stach dem Salieri die eigene Nadel in den Finger. Denn Mozart schlug eben das Stück Beaumarchais' vor, das im Frühjahr 1784 in Paris gegeben war und ungeheures Aufsehen erregt hatte. Allein da war guter Rat teuer: der Kaiser hatte dasselbe seines »unmoralischen Styles« halber für Wien verboten. Auch trug er Mozarts wegen Bedenken, der zwar ein guter InstrumentalKomponist sei aber erst eine Oper geschrieben habe, an der obendrein nicht allzu viel sei. Also wird die Sache im Stillen gemacht: Mozart komponiert einen Teil und da Ponte sorgt dann dafür, dass der Kaiser denselben hört, worauf denn auch sofort der Auftrag der Vollendung des Werkes und später der Befehl zur Aufführung erfolgt.

So ungefähr sind die Memoieren des Textdichters und eines der Sänger, des Engländers *O'Kelly*, die man zum erstenmal nach dem Original unverkürzt wiedergegeben in meinem Mozartbuche findet, miteinander in Zusammenhang zu bringen. Aber beide beweisen, dass die Italiener eben jetzt erst recht Himmel und Hölle in Bewegung setzten, um Mozart die Bühne zu verstellen und dass in der Tat der Kaiser bei diesem Figaro persönlich eingreifen musste. Wie er denn auch sonst gerade damals Mozart seine Gunst dadurch zu erkennen gab, dass er zu einem Gartenfeste in Schönbrunn den *Schauspieldirektor* bestellte, eine einfache komische Probe zweier Primadonnen vor dem Theaterdirektor, woraus man später eine unwürdige Darstellung von persönlichen Verhältnissen Mozarts gemacht hat!

Die Italiener hatten aber auch Ursache genug zu solcher Furcht, und Salieri hat alle ihre Empfindungen später in dem einen fürchterlichen Wort zusammengefasst, es sei gut, dass Mozart gestorben, man hätte ihnen sonst bald kein Stück Brot mehr für ihre Kompositionen gegeben! Und wer gibt ihnen heute noch eines dafür, während Mozarts Werk unsterblich lebt und Arien wie »Will der Herr Graf ein Tänzlein wagen«, »Neue Freuden neue Schmerzen« und »Ihr die ihr Triebe« leben werden, so lange überhaupt Musik gemacht wird.

Vernehmen wir aber auch, wie er sogleich lebendig lebte, als er am 1. Mai 1786 die wirkliche Aufführung erfuhr. Es ist der Bericht des Sängers Kelly, aus dem selbst ein Stück Mozartscher Liebenswürdigkeit spricht:

»Von allen Darstellern der Oper aus jener Zeit ist nur noch einer am Leben, – ich selbst (er sang den Basilio und den stotternden Richter). Es muss zugestanden werden, dass nie eine Oper besser gegeben wurde. Ich sah sie zu verschiedenen Zeiten in allen Ländern und gut dazu, und doch verhält sich die allererste Aufführung zu jeder andern wie Licht zu Finsternis. Alle ursprünglichen Darsteller hatten den Vorteil durch den Komponisten selbst unterwiesen zu werden, der sich bemühte auf ihren Geist seine Anschauung und seine Begeisterung zu übertragen. Niemals werde ich sein kleines belebtes Gesicht vergessen, in dessen Zügen das Feuer des Genius glühte und leuchtete: es ist eben so unmöglich es zu beschreiben als Sonnenstrahlen zu malen.«

»Als ich ihn eines Abends besuchte, sagte er mir: ›Eben habe ich ein kleines Duett für meine Oper beendigt, das Sie hören sollen.‹ Er setzte sich an das Klavier und sang es. Ich war hingerissen, und die musikalische Welt wird mein Entzücken begreifen, wenn ich erwähne, dass es das Duett des Grafen Almaviva mit Susanna war: >So lang hab' ich geschmachtet.< Etwas Köstlicheres wurde nie zuvor von einem Menschen geschrieben; oft ist es eine Quelle des Vergnügens für mich gewesen, dass ich der erste war, der es gehört. Ich sehe noch Mozart im roten Pelz und goldbordierten Hut bei der ersten Probe mit Orchester auf der Bühne stehen und der Musik den Takt angeben. Benucci sang Figaro's >Dort vergiss leises Fleh'n, süßes Wimmern< mit größtem Enthusiasmus und mit der ganzen Kraft seiner Stimme. Ich stand neben Mozart, der leise wiederholt Bravo! Bravo Benucci! rief. Als Benucci zu der schönen Stelle kam: >Bei dem Donner der Karthaunen< ließ er seine Stentorstimme mit Macht ertönen. Die Darsteller auf der Bühne und im Orchester waren elektrisiert: berauscht von Wonnegefühlen riefen sie wieder und wieder und immer lauter: >Bravo! bravo, Meister! Es lebe der große Mozart!< Die im Orchester schlugen unaufhörlich mit den Bögen ihrer Violinen auf die Musikpulte, um dadurch ihrer Begeisterung Ausdruck zu geben; es schien, als wolle sich der Sturm der Beifallsbezeugungen gar nicht legen. Der kleine Mann dankte durch wiederholte Verbeugungen für die enthusiastischen Huldigungen, die ihm gespendet wurden. Das Finale am Schlusse des ersten Aktes wurde mit gleichem Entzücken aufgenommen. Wenn Mozart weiter nichts geschrieben hätte als dieses Musikstück, es allein würde ihn meinem geringen Urteile nach zum größten Meister seiner Kunst gemacht haben. Nie war ein Triumph größer als der Mozarts und seines Figaro.«

Das ist der einzige ausführliche Bericht, den wir besitzen. Auch der Vater hatte von den »erstaunlich starken Kabalen wegen seines besonderen Talents und Ansehens« genug gehört. Jetzt kann er der Tochter aber schreiben, fünf ja sieben Nummern der Oper seien wiederholt worden, und ein Duett musste gar dreimal gesungen werden. Die Italiener hatten es dahin gebracht, dass der Kaiser diese Wiederholungen verbot. Als er dann aber die Sänger wegen dieser »Wohltat, die er ihnen getan« ansprach, entgegnete die Susanna offen: »Glauben Ew. Majestät das nicht, sie alle wünschen, dass man dacapo ruft, ich wenigstens kann es von mir bestimmt versichern«, – worauf der Kaiser lachte.

Und war nun damit auch Mozarts Glück gemacht, der schon damals in so drückenden Verhältnissen lebte, dass er sich an seinen Verleger *Hofmeister* um so kleine Vorschüsse wie ein paar Dukaten wenden musste?

Das Haus war jedesmal gedrängt voll und das Publikum nicht müde gewesen zu klatschen und Mozart herauszurufen. Allein sorgte man schon jetzt dafür, dass die Aufführungen nicht zu oft und nicht zu rasch hintereinander kamen, wo dann allerdings der Geschmack des Publikums bald ein edlerer geworden sein möchte, so genügte der Erfolg einer neuen Oper – wir müssen sie nennen, weil sie im Don Juan zur Tafelmusik dient, es ist Una cosa rara (Eine seltene Sache, nämlich Mädchentreue) des Spaniers *Martin*, – sie genügte beim Publikum wie beim Kaiser, den Figaro zunächst in Schatten und dann ganz zurückzustellen. Der Erfolg war aber auch ein unglaublicher gewesen und charakterisiert so recht ein Publikum, dessen edelster Repräsentant, Kaiser Joseph, damals gegen *Dittersdorf*, den Komponisten von »Doktor und Apotheker« selbst äußerte, Martins leichte gefällige Melodien seien ihm lieber als Mozarts Art, der die Sänger durch die Begleitung übertäube. »Sie glücklicher Mann, ach könnte ich mit Ihnen reisen, wie froh wäre ich! Da muss ich jetzt eine Stunde geben, damit ich nur etwas verdiene,« sagte Mozart zu dem jungen Komponisten *Gyrowetz*, der in diesem Herbst 1785 nach Italien ging. Ja er selbst dachte von neuem an England, doch ward daraus wieder nichts.

Und dennoch hatte der Figaro einen ganz direkten Erfolg auch für seinen Komponisten: er veranlasst die Entstehung des *Don Juan*, und dies führt uns zu dem Schluss dieses so bedeutungsvollen und tatenreichen vorletzten Abschnittes von Mozarts Leben.

Die Neigung und Fertigkeit für Musik im waldigen Böhmerland ist bekannt. Wie heute R. Wagner hatte man in Prag Mozart sich bald nachdem er in Wien neu aufgetreten war, zu eigen gemacht und der auf die Entführung folgende Figaro war sogleich mit einem Beifall aufgenommen worden, der nur mit dem spätern der Zauberflöte verglichen werden kann. Er ward den ganzen Winter 1786/87 fast ohne Unterbrechung gegeben, der Enthusiasmus war ohne Beispiel, man konnte sich nicht satt daran hören. Klavierauszug, »blasende Partien«, Quintett, Tänze, alles ward daraus gemacht: »kurz Figaro widerhallte auf den Gassen, in den Gärten, ja selbst der Harfenist musste sein ›Dort vergiss‹ ertönen lassen, wenn er gehört sein wollte.«

So war es das Orchester und eine Gesellschaft »großer« Kenner und Liebhaber, die ihn selbst nach Prag einluden. Was konnte ihm willkommener sein, den Wiener Feinden zu zeigen, dass er auf der Welt auch noch Freunde habe? Seine Frau begleitete ihn, es war Januar 1787. Graf *Thun*, einer der ersten Kavaliere und Musikkenner von Prag ward sein Wirt, eine eigene Hausmusik verschaffte dort täglich eine »wahre Unterhaltung«. Mehr aber umspielte ihn zum erstenmal völlig wieder die Woge des anerkennenden Verkehrs mit liebenden Freunden seiner Kunst. Sogleich den ersten Abend war Ball von dem »Kern der Prager Schönheiten«. »Ich sah mit ganzem Vergnügen zu, wie alle diese Leute auf die Musik meines Figaro, in lauter Kontretänze und Teutsche verwandelt, so innig vergnügt herumsprangen; denn hier wird von nichts gesprochen als Figaro, keine Oper besucht als Figaro und ewig Figaro,« schreibt er selbst.

Er musste das Werk dann persönlich dirigieren, – endloser Jubel! Die Leistungen der Kapelle erkannte er selbst in einem »sehr gut geschriebenen« Briefe lebhaft an: das Orchester geriet aber auch jedesmal völlig in Feuer. Zwei Konzerte folgten. »Nie sah man das Theater so voll Menschen, nie ein einstimmigeres Entzücken,« erzählt ein Augenzeuge. »Wir wussten in der Tat nicht, was wir mehr bewundern sollten, ob die außerordentliche Komposition oder das außerordentliche Spiel: beides zusammen bewirkte einen Totaleindruck, welcher einer süßen Bezauberung glich! Aber dieser Zustand löste sich, als Mozart zu Ende allein mehr als eine halbe Stunde phantasierte, in laute überströmende Beifallsäußerung auf.« Zum drittenmal war er bestürmt worden: »Mozart erschien und innige Zufriedenheit strahlte aus seinem Antlitz. Er begann mit steigender Begeisterung, leistete was noch nie gehört worden, als auf einmal eine laute Stimme rief: ›Aus Figaro!‹ woraus Mozart in die Lieblingsarie ›Dort vergiss‹ einleitete, ein Dutzend der interessantesten und künstlichsten Variationen improvisierte und unter dem rauschendsten Jubel diese merkwürdige Produktion endigte.«

Gewiss war dies ein Höhepunkt seines eigenen Lebens. Er sah in dem Beifall der Menge sein eigenes geistiges Gesicht, das ihn erzeugte, es mussten in seiner Seele selbst wunderbare Dinge vorgehen, nie empfundene Gefühle sich regen: ein Höhepunkt lässt uns auch abwärts schauen, es war wohl das erstemal, dass der lebensprühende Sinn dieses Künstlers eine solche Empfindung hatte, aber dass er sie hatte, werden wir bald vernehmen. Die unausgesetzten Kabalen und Intriguen seiner Gegner und Neider, die bei seinem Tode sogar das Gerücht aufbrachten, man habe ihn vergiftet, fraßen in der Tat wie ein Geier an seinem Leben und endeten dasselbe vor der Zeit. Hier, in diesem endlosen Jubel der anerkennenden Freude, musste ihm dieses Bewusstsein zuerst mit voller Wehmut kommen, er sah zuerst des Lebens Ende, des Lebens tragisches Spiel: – sein merkwürdiges Abbild besitzen wir im *Don Juan*; und dieser war das Resultat der Prager Reise. Denn als Mozart in der Freude seines Herzens äußerte, für ein solches Publikum würde er gern eigens eine Oper schreiben, nahm ihn der Theaterdirektor *Bondini* beim Wort und schloss mit ihm für den nächsten Herbst den Kontrakt um 100 Dukaten ab.

Da Ponte erzählt, dass diesmal er den Stoff vorgeschlagen habe, denn er habe erkannt, dass Mozarts Genie ein vielseitiges und erhabenes Gedicht verlange. Und in der Tat, an diesem Stoff hatten wie am Faust die Nationen gearbeitet, und Don Juan ist der unverwüstliche Lebenstrieb wie Faust der Trieb nach Erkenntnis, wie sie beide sich selbst stets vernichten und stets wiedererzeugen. Der Held ist dem vollsten Lebensgenuss rücksichtslos frei und heiter ergeben, keine Fessel hemmt ihn, jeder Widerstand erhöht seine Kraft. Aber an eben diesem Übermut erzeugt sich zuletzt für ihn das Gericht, und diesen Schluss des ganzen weitausgedehnten ursprünglich spanischen Abenteuerspieles wählte sich unser Textdichter.

Don Juan dringt in das Gemach der ihres Geliebten Don Octavio harrenden Donna Anna, ihr Hilferuf treibt den Vater, einen Komtur, hervor, ein Duell macht seinem alternden Leben ein Ende. Auf der Gasse begegnet ihm und dem Diener Leporello dann die verlassene Elvira, sie klagt ihr Leid und überhäuft ihn mit Vorwürfen, er eilt seinem Wollustleben nach. Zerline, die Braut des jungen Masetto wird ihm zunächst durch Elvira's Eifersucht entrissen, er hat aber die ganze ländliche Hochzeitsgesellschaft zu sich aufs Schloss geladen. Wieder begegnet ihm, – es ist schon alles auf das Misslingen und Ende eingerichtet, – Donna Anna mit Octavio, sie suchen seine Hilfe wegen des ermordeten Vaters, dabei erkennt aber Donna Anna, die schon durch Elvira misstrauisch gemacht worden, ihn selbst als den Mörder. Sie erscheinen dann als schwarz gekleidete Masken ebenfalls auf dem Bankett, und als Don Juan soeben die ländliche Schöne entführen will, treten sie ihm entgegen, es entspinnt sich ein Kampf, aus dem nur die männlichste Kühnheit Herrn und Diener errettet.

Dies der erste Akt dieses ebenfalls als **Opera buffa** genommenen Werkes.

Der zweite findet Don Juan mit Leporello im Streit, einem solch gefährlichen Herrn mag derselbe nicht mehr dienen. Allein Geld hilft selbst die ausgestandene Angst wiedergutmachen. Elvira erscheint auf dem Balkon. Don Juan wechselt mit Leporello die Kleider und schwört ihr aufs neue Liebe. Sie kommt herab und entflieht auf ein künstliches Geräusch Don Juans mit Leporello ins Dunkle. Darauf ein Ständchen an ihre Zofe, Leporello's Geliebte! Aber da erscheinen Masetto und seine Bauern mit Gewehren. Doch Don Juan als Leporello verkleidet weiß die Freunde zu entfernen und ihm selbst die Waffen abzuschwatzen, und prügelt ihn dann durch, worauf Zerlinchen ihn mit jenen berühmten schönsten Zusagen trösten muss. Elvira sucht jetzt im Dunkeln den vermeintlichen Geliebten, der geängstigte Leporello aber strebt zu entkommen: da treten plötzlich Don Octavio und Donna Anna mit Fackeln hervor und erkennen nun, dass sie diesmal statt des Herrn nur den Diener haben. Dieser entkommt und trifft verabredetermaßen auf dem Kirchhof wieder mit Don Juan zusammen. In ihre gottlosen Reden aber fährt plötzlich eine Stimme: »Verwegener, gönne Ruhe den Entschlafnen!« Es ist die Statue des Komturs! Don Juan nötigt dann übermütig genug Leporello ihn zum Essen zu laden. Inmitten seiner Tafelfreuden, zu denen eben die **Cosa rara** von Martin auch einen Teil der Musik liefern muss, wie für Prag auch das »Dort vergiss« nicht fehlen durfte, – inmitten der üppigsten Lebensfreude, aus der ihn selbst die drängend warnende Stimme der liebenden Elvira nicht zu reißen vermag, tritt ihn der steinerne Gast an. Er verkündet ihm das Gericht. »Nieder in Staub und bete!« – »Die Weiber lehre beten!« – »Bessre dich!« – »Nein!« – »Ja!« – »Nein!« – »Jetzt ist dein Ende da!« Gähnende Schlünde öffnen sich und höllische Geister zerren den lebend Übermütigen ins düstere Grab hinab.

Die heitere Lebensseite des vorigen Jahrhunderts kennen wir, sie ertönt im Don Juan noch feuriger glühend als im Figaro. Die Renaissance hatte auch den freien Lebensgenuss der antiken Welt wiedereingeführt, man denke nur an die Borgias. Von Italien und Spanien aber war er nach Frankreich gedrungen, wo man sich dann zuerst bewusst ward »auf einem Vulkane zu tanzen«. Dieses Gefühl eines notwendigen tragischen Gerichts über den bloßen sinnlichen Lebensungestüm, ein gesteigertes und konzentriertes dichterisches Bild irdischer Vergänglichkeit überhaupt, wie sie den Lebenden selbst stets ein dunkles Rätsel bleiben wird und daher auch dem übermütigsten Leben gegenüber stets mit einer gewissen Wehmut, ja mit Mitleid erfüllt, – dieses Gefühl, das den poetischen Kernpunkt der ganzen Don Juan-Sage bildet, hat von Allen, die den Stoff künstlerisch behandelt haben, keiner auch nur entfernt so in seiner Macht und Tiefe getroffen wie Mozart, und die Musik beim Auftreten des steinernen Gastes ist aus dem gleichen Born geschöpft, aus dem Fausts schönste und tiefsinnigste Monologe fließen: es ist das Gewissen, das innere Wissen von dem tatsächlichen Bestande menschlicher Existenz, und wir sahen, wie auch diesen Menschen und Künstler das Leben selbst auf solches innere Wissen und das Gefühl für ein wirklich Ewiges in diesem Wechsel der Dinge geführt hat.

Die Einzelheiten der Entstehung des Don Juan bieten wieder manches Anziehende.

Da Ponte's Renommieren in seinen Memoieren ist in der Tat ergötzlich und zeigt, dass er doch im Grund ohne Ahnung davon gewesen, welch großem Wurf es mit diesem Stoffe galt. Er hatte alle drei angesehensten OpernKomponisten Wiens von damals zugleich »unter der Feder« und beruhigte die Zweifel des Kaisers an dem Gelingen solcher Aufgabe mit der Entgegnung, er werde nachts für Mozart schreiben und dabei an Dante's Hölle denken, morgens für Martin und Petrarca lesen, abends aber für Salieri und da werde Tasso sein Gefährte sein. Dann hatte er, eine Flasche Tokaier und spanischen Tabak vor sich und die sechzehnjährige Tochter seiner Wirtin als holde Muse neben sich, die Arbeit begonnen und in zwei Monaten sei alles fertig gewesen.

Und Mozart? – Wenn er mit Anfang April das Textbuch dieses dichterischen Lebensgerichtes in Händen hatte, so war seine Seele auf dessen letzten Inhalt mit verdoppelter Energie gerichtet: er empfing ebendamals die Nachricht der schweren Erkrankung seines Vaters, die ihn auf merkwürdige Äußerungen über den Tod als den »wahren Endzweck unseres Lebens und den wahren besten Freund des Menschen« führt, wir werden von dem näheren Zusammenhang noch hören. Er hatte zudem kurz zuvor seinen »liebsten besten« Freund Graf Hatzfeld verloren und verlor jetzt gar, am 28. Mai 1787, den geliebten Vater. Das *Gmollquintett* stammt aus dieser Zeit: seiner Seele Tiefen öffnen sich hier, es ist ein Vorspiel zum Don Juan. Es war auch damals, wo der sechzehnjährige Bonner Hoforganist *Ludwig van Beethoven* bei ihm war, aber nur soweit von ihm beachtet wurde, dass er seinen die Welt erfüllenden Ruhm voraussagte. So sehr war seine Seele von seiner neuen Arbeit erfüllt. Im September darauf starb dann sein Freund Dr. Barisani, der ihn selbst zwei Jahre vorher in tödlicher Krankheit behandelt hatte, und Mozart schreibt unter seine Verse im Stammbuch: »Ihm ist wohl! – aber mir – uns – und Allen, die ihn genau kannten, uns wird es nimmer wohl werden, bis wir so glücklich sind, ihn in einer bessern Welt wieder und auf nimmer Scheiden zu sehen!« Seine Gedanken gingen über das Grab hinaus und trachteten in den ewigen Zusammenhang der Dinge zu dringen. Das war die Stimmung, einen Don Juan zu schreiben. Selbst in das hellste Licht des Lebens fallen endlich die dunklen Schatten der Vernichtung.

Im Anfang September 1787 befanden sich Komponist und Dichter in Prag, Constanze war ebenfalls mitgereist: sie hatte zu sorgen, dass dem tiefinnen arbeitenden Geiste von außen keine Störung kam. Der persönliche Verkehr mit den Sängern erhöhte dessen innere Anregung, der erste Don Juan, *Luigi Bassi*, wird noch fast 40 Jahre später dem tauben Beethoven als »feuriger Italiener« gelobt. Die Sängerinnen waren nicht gerade hervorragend. Gleichwohl ward unserem Meister mit diesem Prager Aufenthalte allerlei Liebesabenteuer angedichtet. »Ist das Vergnügen einer flatterhaften launigen Liebe nicht himmelweit von der Seligkeit verschieden, welche eine wahrhafte vernünftige Liebe verschafft?« schreibt dagegen er selbst ebendamals einem Freunde in Wien. Die Bekannten erinnerten sich noch später der schönen Stunden mit ihm in Prag. In einem Weingarten, den heute seine Büste ziert, spielte er mit ihnen Kegel, während er zugleich am Gartentisch die Partitur ausschrieb. Und abends vor der Aufführung war er besonders voll Heiterkeit und Scherzen. Endlich ermahnt ihn jedoch Constanze, – es war elf Uhr – dass die Ouvertüre noch nicht aufgeschrieben. Bei einem Glase Punsch daheim, wie er ihn liebte, ging es an diese ihm so lästige Arbeit. Denn fertig im Kopfe war das Werk schon längst, er hatte es nebst zwei andern Entwürfen sogar seinen Freunden bereits vorgespielt. Deshalb musste ihm Constanze jetzt, um seinen Geist wach zu erhalten, Geschichten erzählen. Es waren Märchen wie Aladins Wunderlampe, Aschenbrödel und solch liebliche Poesie der dichtenden Volksphantasie. Mozart musste darüber oft bis zu Tränen lachen. Endlich überwältigte ihn aber doch die Müdigkeit und seine Frau ließ ihn einige Stunden schlafen. Dennoch empfingen bereits in der Früh die Abschreiber das Werk. Er hatte sich übrigens nach seiner eigenen Beteuerung gegen den Orchesterdirektor keine Arbeit und Mühe verdrießen lassen, um für Prag etwas Vorzügliches zu leisten, und versicherte dabei, man solle nur nicht glauben, dass ihm seine Kunst leicht geworden: niemand habe wohl so viel Fleiß darauf verwendet wie er, und es gebe nicht leicht einen berühmten Meister, den er nicht fleißig studiert habe. Wir sahen es auch hier durch sein ganzes Leben.

Das berühmte »Reich mir die Hand« soll er dem Don Juan fünfmal komponiert haben. Die Sänger studierte er einzeln ein, den Menuett tanzte er selbst vor, – denn merkwürdigerweise nannte er selbst einmal gegen Kelly seine Leistungen im Tanzen bedeutender als die in der Musik, – die Darsteller waren deshalb voll Willigkeit und Begeisterung und in Folge dessen die Aufführung wieder eine sehr gute. Sie fand am 29. Oktober 1787 statt: das Haus war zum Erdrücken voll und der Empfang dreimaliger Tusch und endloses Klatschen. Die Aufnahme aber war derart, dass der Theaterdirektor selbst an den derweilen nach Wien zurückgekehrten Poeten schreiben konnte: »Es lebe da Ponte! Es lebe Mozart! Alle Direktoren, alle Sänger sollen sie preisen; so lange diese beiden leben, weiß man nichts von Theaterelend!« Mozart selbst redet wie immer bescheiden nur von »lautestem Beifall« und bemerkt gegen jenen Wiener Freund: »Ich wollte meinen

Freunden wünschen, dass sie nur einen einzigen Abend hier wären, um Anteil an meinem Vergnügen zu nehmen. Vielleicht wird sie in Wien doch aufgeführt? ich wünsche es. Man wendet hier alles Mögliche an, um mich zu bereden ein paar Monate hier zu bleiben und noch eine Oper zu schreiben, ich kann aber diesen Antrag, so schmeichelhaft er ist, nicht annehmen.«

Und nun das Werk selbst?

Am 29. Dezember 1797 hat Schiller an Goethe geschrieben, er habe immer ein gewisses Vertrauen zur Oper gehabt, dass aus ihr wie aus den Chören der alten Dionysosfeste das Trauerspiel in einer edleren Gestalt sich loswickeln sollte: sie stimme durch die Macht der Musik das Gemüt zu einer schönern Empfänglichkeit und es könne auf diesem Wege am Ende sich gar das Ideale auf das Theater stehlen. Goethe antwortete kurz: »Ihre Hoffnung würden Sie neulich im Don Juan auf einen hohen Grad erfüllt gesehen haben; dafür steht aber auch dieses Stück ganz isoliert und durch Mozarts Tod ist alle Hoffnung auf etwas Ähnliches vereitelt.«

Dass wir heute das Gegenteil sagen können und inmitten jener erneuerten Blüte der wahren dramatischen Kunst stehen, die einst in Italien mit der Wiedererstehung der Antike angestrebt wurde, verdanken wir zum größten Teil diesen Figaro und Don Juan. Glucks Forderung der dramatischen Charakteristik ist hier auf den höchsten Grad erfüllt und in manchem Einzelnen oft bis heute unübertroffen. Dies dankte Mozart seiner genaueren Bekanntschaft mit den Erfordernissen des Dramas und seiner souveränen Beherrschung aller Mittel der Musik. Zwar halten uns die einzelnen abgeschlossenen Musikstücke mit ihren leidig sich wiederholenden Kadenzen stets gegenwärtig, dass wir es mit einem Musiker und trotz allem mit der herkömmlichen italienischen Oper zu tun haben. Aber dieser Musiker ist dann wieder von einer so sicheren poetischen Intuition, dass ihm gerade der dichterische Stoff zu stets neuer Erfindung in seiner Kunst verhilft. Und während diese eine ruhige Ausbreitung in ihrem Elemente und damit bestimmte Formen notwendig zu erheischen scheint, weiß der Genius die schöne Ausgleichung zu finden, dass die dramatische Bewegung nichts Entscheidendes verliert und doch die Musik nicht »der Poesie gehorsame Tochter« wird.

»Mozart hat in der Oper das unerschöpfliche Vermögen der Musik dargetan, jeder Anforderung des Dichters an ihre Ausdrucksfähigkeit in undenklichster Fülle zu entsprechen, und bei seinem völlig unreflektierten Verfahren hat der herrliche Musiker auch in der Wahrheit des Ausdrucks, in der unendlichsten Mannichfaltigkeit seiner Motivirung dieses Vermögen der Musik in beiweitem reicherem Maße aufgedeckt als Gluck und alle seine Nachfolger,« so sagt derjenige Meister, der allein auf diesem Gebiet sein wahrer Nachfolger geworden ist, *Richard Wagner*. Und in dieser dramatischen Hinsicht stehen der Figaro und Don Juan durchaus voran. »Keine Ruh' bei Tag und Nacht«, »Wenn du fein artig bist,« »Treibt der Champagner«, wer kännte nicht diese ganz neue Sprache in Tönen? Die edelsten Errungenschaften von Idomeneo und Entführung treten hier in der möglichsten Vollendung und energischsten Konzentration wieder hervor. Es ist ein Wunder an Kraft und Anmut, Geist und Wohllaut, an Schwung, Adel und innigstem Gefühl zugleich.

Figaro und *Don Juan* stehen denn auch wie unsere classische Dichtung mit an der Spitze jener großen dramatischen Epoche, die vor jetzt hundert Jahren begann. Sie sind ein Stück des Lebens der modernen Menschheit überhaupt, und Mozart entfaltete in ihnen zuerst völlig sein unerschöpfliches Genie, so dass diese Werke heute gleich der Antike und der Renaissancekunst der ganzen gebildeten Welt gehören. Eine nähere Beschreibung des Einzelnen der beiden Opern findet der Freund der Sache in O. Jahns historisch vortrefflichem »W. A. Mozart« (Leipzig 1856–59).

Der Schluss von Mozarts Schaffen zeigt ein Zusammenfassen all seiner Lebenseindrücke und Geisteserschauungen in ihrer Tiefe, und vor allem die Zauberflöte ward durch ihre rein menschliche und sittlich-religiöse Tendenz zum Ausgangspunkte der Bestrebungen einer eigentlich deutschen Kunst, aus der sich dann wieder das universale Kunstschaffen der heutigen Tage gebar. Zu diesen Darstellungen führt das fünfte und letzte Kapitel unserer Biographie.

* * *

5. Zauberflöte. Titus. Requiem.

(1787–91)

»Wäre nur ein einziger Patriot mit am Brett, es sollte ein anderes Gesicht bekommen! Doch da würde vielleicht das so schön aufkeimende *National-Theater* zur Blüte gedeihen, und das wäre ja ein ewiger Schandfleck für Deutschland, wenn wir Deutsche einmal mit Ernst anfingen deutsch zu denken, deutsch zu handeln, deutsch zu reden und gar deutsch – zu singen!« so schreibt der Komponist des Figaro, Mozart selbst 1785. Es sollte ihm am Ende seiner Tage noch durch Zufall endlich doch noch zuteilwerden, auch in diesem Punkte einmal nicht bloß wie hier seiner Zunge sondern auch seiner Feder »freien Lauf zu lassen«, und gerade die Verdunkelung seiner äußeren Lebenslage und dass es den damals herrschenden Parteien immer mehr gelang ihn »unter das Pack zu stoßen« war hier entscheidend.

Schon jetzt schreibt Haydn eben nach Prag, wo also Mozart selbst eine weitere OpernKomposition abgelehnt hatte: »Sie verlangen eine **Opera buffa** von mir? Recht herzlich gern, wenn Sie Lust haben etwas für sich allein zu besitzen.« Aber für das dortige Theater hätte er viel zu wagen, indem der große Mozart schwerlich jemand andern zur Seite haben könne. »Denn,« fährt der edle Meister fort, – man findet den so sehr schönen Brief in den »Musikerbriefen« (2. Aufl. Leipzig 1873), – »könnte ich jedem Musikfreund, besonders aber den Großen, die unnachahmlichen Arbeiten Mozarts so tief und mit einem solchen musikalischen Verstande, mit einer so großen Empfindung in die Seele prägen als ich sie begreife und empfinde, so würden die Nationen wetteifern ein solches Kleinod in ihren Ringmauern zu besitzen!« Prag solle den teuren Mann festhalten, aber auch belohnen, denn ohne dieses sei die Geschichte großer Genien traurig. »Mich zürnt es, dass dieser einzige Mozart noch nicht bei einem kaiserlichen oder königlichen Hofe engagiert ist,« schließt er. »Verzeihen Sie, dass ich aus dem Geleise komme: ich habe den Mann zu lieb.«

»Man sprach von ihm, wie man von einer Geliebten spricht,« erzählte der Maler *Schwind*, der in seiner Jugend in Wien noch manchen Freund des so früh gestorbenen Meisters gekannt. Warum taten denn die »Großen« nichts für ihn?

Der Erfolg des Don Juan schlug doch auch in Wien ein, und da man hörte, Mozart wolle Wien verlassen und nach England gehen, ernannte ihn endlich, am 7. Dezember dieses Jahres 1787, Joseph II. zu seinem Kammerkompositeur mit ganzen – 800 Gulden! »Zuviel für das was ich leiste, zu wenig für das was ich leisten könnte!« schrieb Mozart einmal selbst in die Steuerliste: er hatte in seiner Stellung nichts zu leisten als für die kaiserlichen Redouten die – Tanzmusik zu schreiben! Und doch war so eben, am 15. November 1787, durch den Tod Glucks die kaiserliche Stelle, die 2000 Gulden trug, frei geworden. Böse Feinde und Neider und nur halbe Freunde muss er an diesem Hofe gehabt haben, – sein Gönner Maximilian Franz war bereits als Kurfürst von Köln in Bonn und hatte dort den jungen Beethoven gefunden, – der Kaiser selbst aber liebte ja die leichtere Musik mehr als die Kunst Mozarts. So gewann auch Salieri wiederum den Vorsprung und ehe der vom Kaiser bestellte »Azur« nicht gegeben war, durfte an einen Don Juan nicht gedacht werden.

Endlich befahl jedoch der Kaiser auch dessen Aufführung. Es war am 7. Mai 1788, wo sie geschah, aber die Oper – *gefiel nicht*. »Alle Welt,« erzählt da Ponte, »Mozart allein ausgenommen, war der Ansicht, das Stück müsse umgearbeitet werden. Wir machten Zusätze, änderten Stücke und zum zweiten Mal: Don Juan gefiel nicht!« Dies hinderte nun nach da Ponte's Erzählung diesmal den Kaiser nicht zu äußern, das Werk sei herrlich, es sei noch schöner als der Figaro, aber kein Bissen für die Wiener. »Lasst ihnen nur Zeit ihn zu kosten,« antwortete ihm Mozart, dem er das Wort überbracht hatte, und in der Tat mit jeder Darstellung steigerte sich der Erfolg. Und Haydn urteilte in einer Gesellschaft beim Graf Rosenberg, wo sich nicht Mozarts *Freunde* zu versammeln pflegten, er könne den Streit über die Gebrechen des Werkes nicht ausmachen, aber das wisse er, dass Mozart der größte Komponist sei, den die Welt jetzt habe!

Und derweilen litt Mozart Not, materielle Not! – Vom 17. Juni desselben Jahres ist der erste jener traurigen Briefe an seinen Freund, den Kaufmann *Puchberg*, die uns seine ganze Lage die letzten Lebensjahre hindurch – denn sie kündet schon das trübe frühe Ende des Meisters an, – aufdecken. Der Don Juan brachte ihm in Wien ganze 225 Gulden ein. Seine Kompositionen waren nach Inhalt und Spiel den Dilettanten zu schwer und sein Kunstgefühl gestattete ihm nicht anders zu schreiben, so dass die Verleger ihm nicht eben viel zu zahlen vermochten. Zudem wurde das wirklich Populäre überall nachgestochen. Konzerte waren auch nicht stets zu geben und überhaupt alle Einnahme zu unregelmäßig. Dazu ein Haushalt, der trotz seiner Einfachheit viel Ausgaben machte! Denn es kamen rasch hintereinander mehrere Kinder und Constanze lag wiederholt sehr schwer krank, einmal gar ganze acht Monate. »Meine Frau war gestern wieder elend, heute befindet sie sich gottlob wieder besser. Ich bin doch sehr unglücklich! – immer zwischen Angst und Hoffnung! – und dann!« schließt einer jener Briefe, in dem er seinen Freund um eine »augenblickliche Unterstützung nach seinem Belieben« bittet und beschwört.

War nun auch solche stete innere und äußere Bedrängnis zugleich eine stete Prüfung seines besseren Wesens und besitzen wir in jenen Briefen selbst außer seiner Musik die schönsten Zeugnisse für die Reinheit seiner Gesinnung und die Tiefe seiner Empfindung, so bleibt es immer ein trauriges Bild, was sich uns mit diesen letzten Lebensjahren Mozarts von dem Dasein eines deutschen Künstlers enthüllt, und nur Mozarts eigener Geist ist es, der uns hier über alle Trauer und Bitterkeit zu erheben vermag. Denn dieser ließ sich nicht trüben: dem Phönix gleich entschwebte er jeder brennenden Not aufs neue und in immer glänzenderem Gewande und stets höherem Fluge. Und von kaum einem Künstler gilt mehr als von ihm, dass sein letzter Ton auch ein wirklicher Schwanengesang, ein nie vernommenes wonnigwehmutsvolles Klingen aus anderen, höheren Welten war.

Den Namen Schwanengesang hat sogar die *Symphonie in Esdur* erhalten, die in eben diesen Sommertagen von 1788 fertig ward. »Liebe und Wehmut tönen in holden Geisterstimmen,« heißt es so schön in Hoffmanns berühmten Phantasiestücken, »die Nacht geht auf im hellen Purpurschimmer und in unaussprechlicher Sehnsucht ziehen wir den Gestalten nach, die freundlich uns in ihre Reihen winkend in ewigem Sphärentanze durch die Wolken fliegen.« Ja unmittelbar folgen die so überaus energisch lebensvolle *Symphonie in Gmoll* und die *Jupiter-Symphonie*. Hatte man je zuvor solchem stillen Jubel aller Wesen gelauscht wie in dem Andante dieser letzteren? Wer solche Werke schreibt, kennt höhere Freuden als die Welt geben und rauben kann, sein Blick ist innerer Seligkeit voll auf ein ewiges Ideal gerichtet, das ihn wie der heilige Gral seine Ritter labt, erhält und beglückt. Auch das wehmütig ernste kleine *Hmoll-Adagio* für Klavier stammt aus diesem Jahre 1788.

Händels kraftvolle Mannesnatur tritt damals in Mozarts Sphäre: er bearbeitet für einen gönnerischen Freund, den früheren Gesandten in Berlin, Baron *van Swieten*, der uns auch bei Beethoven begegnet, Acis und Galathea und den Messias. Händel wisse am besten was großen Effekt tut; wo er das wolle schlage er ein wie ein Donnerwetter und es sei überall, auch in seinen hergebrachtesten Arien, etwas darin, soll sein Urteil gelautet haben. Bald aber sollte er etwas Größeres kennen lernen, das ihm zugleich in jeder Weise imponieren musste, *Sebastian Bach*. Denn die freiere Form Händels und seine dramatische Charakterisirung waren ihm nicht neu, und dass er selbst eine Schlagkraft besaß wie Händel, wissen wir vom Idomeneo her. Allein Bachs Erscheinung war dem Menschen wie dem Künstler eine neue und doch längst tiefinnen geahnte und gekannte Welt. Dieses Meer von Vielstimmigkeit und so souverän beherrscht! Und doch lag die Sache noch tiefer.

Eben in Leipzig und vielleicht mit Bezug auf Bach hatte in einem Gespräch Einer es unersetzlichen Schaden genannt, dass es so vielen großen Musikern wie den alten Malern ergangen sei, dass sie ihre ungeheuren Kräfte auf die unfruchtbaren und geisttötenden Sujets der Kirche verwenden gemusst. Ganz verstimmt und trübe antwortete Mozart, das sei wieder so ein Kunstgeschwätz. »Bei euch *aufgeklärten* Protestanten, wie ihr euch nennt, wenn ihr eure Religion im Kopfe habt, kann etwas Wahres daran sein, das weiß ich nicht,« fuhr er ungefähr fort. »Aber bei uns ist das anders. Ihr fühlt gar nicht was das heißen will: **Agnus dei, qui tollis peccata mundi, dona nobis pacem** (Lamm Gottes, der du trägst der Welt Sünde, verleih uns Frieden). Aber wenn man von frühester Kindheit in das Heiligtum unserer Religion eingeführt ist, wenn man da in voller Inbrunst seinen Gottesdienst abwartete und diejenigen glücklich pries, die unter dem rührenden **Agnus dei** hinknieten und das Abendmahl empfingen und die Musik in sanfter Freude aus dem Herzen der Gläubigen sprach: **Benedictus qui venit** (Gesegnet sei der da kommt im Namen des Herrn), dann ist's anders, und wenn man nun die tausendmal gehörten Worte nochmals vornimmt, um sie in Musik zu setzen, so kommt das Alles wieder und bewegt einem die Seele.« Dabei erinnerte er sich dann eben jener ersten kirchlichen EinweihungsKomposition in seiner Kindheit in Wien und der religiösen Eindrücke Italiens, von denen wir oben berichteten.

Jetzt war er in Leipzig und lernte Sebastian Bach von Angesicht zu Angesicht, das heißt in seinen kirchlichen GesangsKompositionen kennen. Denn die Not hatte ihn wieder auf Kunstreisen geführt. Sein Freund und Schüler Fürst *Karl Lichnowsky*, der bald auch in Beethovens Leben seine bedeutsame Stellung einnehmen sollte, hatte ihn aufgefordert mit ihm nach Berlin zu reisen, wo er ihm vielleicht bei dem sehr musikliebenden Friedrich Wilhelm II. nützen konnte. Die Nachricht über diese und eine folgende Reise bieten uns nun jene Briefe an Constanze, von denen sie später gerührt selbst schrieb, diese seine unstudiert geschriebenen Briefe seien der beste Maßstab seiner Denkungsart, seiner Eigentümlichkeit und Bildung: »ganz vorzüglich charakteristisch ist seine seltene Liebe zu mir, die alle diese Briefe atmen, – nicht wahr, die in seinem letzten Lebensjahre sind ebenso zärtlich, als er im ersten Jahre unserer Verheiratung geschrieben haben muss?« Wir haben hier also zugleich den inneren Menschen Mozart und seine weiteren äußeren Erlebnisse vor uns.

In Prag hatte es der Theaterdirektor »fast richtig gemacht« ihm für eine neue Oper 200 Dukaten und 50 Dukaten Reisegeld zu geben: dies lüftete ihm von vornhinein die Schwingen. Einer der alten Münchener Freunde, der Oboist *Ramm*, der von Berlin kam, hatte ihm ebenfalls schon in Prag erzählt, der König habe ihn »sehr oft und zudringlich« gefragt, ob Mozart gewiss komme, und da er noch nicht gekommen, geäußert: »Ich fürchte er kommt nicht.« »Nach diesem zu schließen sollen meine Sachen nicht schlecht gehen,« sagt Mozart. In Dresden ward er mit Schillers Freund *Körner*, dem Vater des Dichters bekannt und von dessen Schwägerin Doris Stock mit Silberstift gezeichnet, welches unbefangen geistvolle Bildchen ebenfalls »Mozarts Leben« schmückt. Alle Liebe, die ihm begegnet, lässt ihn aber um so inniger an Frau und Kind daheim denken. »Liebstes Weibchen, hätte ich doch auch schon einen Brief von dir!« heißt es am 13. April 1789. »Wenn ich dir alles erzählen wollte, was ich mit deinem lieben Portrait anfange, würdest du wohl oft lachen. Zum Beispiel wenn ich es aus seinem Arrest herausnehme, so sage ich: Grüß dich Gott Stanzerl! Grüß dich Gott Spitzbub, Krallerballer, Spitzignas, Bagatellerl, Schluck und Druck! Und wenn ich es wieder hineintue, so lasse ich es so nach und nach hineinrutschen und sage immer Nu, Nu, Nu! und bei dem letzten schnell: Gute Nacht, Mauserl, schlaf gesund.« Die volle Unbefangenheit eines wahrhaft kindlichen Gemütes, von der auch die Prager Freunde zu reden wussten! »Voll munterer Laune ergoss er sich dann in den drolligsten Einfällen, sie können sein gutes argloses Herz nie genug rühmen, man vergaß ganz, dass man Mozart, den bewunderten Künstler vor sich habe,« erzählt einer derselben, der Professor Niemetschek, dem wir die erste Biographie Mozarts verdanken. Und Mozart schließt hier: »Nun glaube ich so ziemlich was Dummes, für die Welt wenigstens, hingeschrieben zu haben; für uns aber, die wir uns so innig lieben, ist es gerade nicht dumm.« Wir werden noch hören, wie ihm dieser Schatz eines stets bräutigamgleich liebenden Herzens für seine Kunst wucherte: nur das höchste Genie zeigt solche Unschuld und Tiefe der Empfindung zugleich. Jenes »Schluck und Druck« aber bezieht sich auf einen der vielen scherzhaften Kanons, woran er mit den musikalischen Seinen im Prater oder sonst in Gesellschaft sich zu ergötzen wusste.

In Dresden spielte er bei Hofe und erhielt eine »recht schöne« Dose. Da war denn auch ein Schüler Sebastian Bachs, ein gewisser *Häßler*, dessen »Force« die Orgel und das Klavier bildeten. So erschien Mozarts Können doppelt gereizt. Fugen von Bach und Händel hatte er schon früher in Menge durch van Swieten kennen gelernt, auch oft selbst solche phantasiert oder auf den Wunsch der Frau niedergeschrieben, und wer die Polyphonie in dem Maße frei handhabt wie Mozart in den Ensemblesätzen von Figaro und Don Juan, die hauptsächlich darin die Höhe des technischen Könnens bekunden, dass nur der Kenner diese Wunder bemerkt, der muss auf wahre Kunst in diesem Punkte auch wahrhaft halten. »Nun glauben die Leute hier, weil ich von Wien komme, dass ich diesen Geschmack und diese Art zu spielen gar nicht kenne,« schreibt er. »Ich setzte mich also zur Orgel und spielte. Der Fürst Lichnowsky, weil er Häßler gut kennt, beredete ihn mit vieler Mühe auch zu spielen.« Da erwies sich denn, dass er nur Harmonie und Modulationen vom alten Sebastian Bach auswendig gelernt hatte und nicht im Stande war eine Harmonie ordentlich auszuführen, dass er, wie Mozart sagt, noch lange kein *Albrechtsberger* war, der als einer der Generalbasslehrer Beethovens bekannt ist. Beim Klavierspielen nachher aber »sank seine Schale« erst recht.

Jetzt kam Mozart nach Leipzig selbst und der Nachfolger des großen Sebastian, der Kantor *Doles* an der Thomaskirche ward ihm nahe befreundet. Zunächst ließ er sich hier auf der Orgel hören. »Doles war entzückt über des Künstlers Spiel und glaubte den alten Sebastian Bach auferstanden,« sagt ein Ohrenzeuge. Mozart hatte alle harmonischen Künste »mit der größten Leichtigkeit« angebracht und den Choral »Jesu meine Zuversicht« aufs herrlichste aus dem Stegreife durchgeführt. Dieser figurierte Choral aber war die besondere Kunst der norddeutschen Organistenschulen. Zum Dank dafür ließ ihm nun Doles von seinem Thomanerchor Bachs achtstimmige Motette »Singet dem Herrn ein neues Lied« vorführen. »Da ist doch einmal etwas, woraus sich was lernen lässt,« rief unser Meister dabei voll Freude. Sowie Richard Wagner, der sie im Jahre 1848 in Dresden aufführte, begeistert von derselben sagt, wie durch ein Meer von harmonischen Wogen brause hier der lyrische Strom der Melodie, und zugleich gesteht, dass eben die Kenntniss solcher polyphonen Kunst ihn auch erst Mozart selbst »innig erkennen und lieben« gelehrt, während Beethoven voll Gefühl für solche allüberragende elementare Gewalt und Größe ausrief: »Nicht Bach, *Meer* sollte er heißen!«

Mozart ließ sich denn auch sofort, da er hörte, dass die Thomaskirche noch mehrere solcher Motetten besitze, sie alle geben und legte nun die einzelnen Stimmen, – denn eine Partitur war nicht vorhanden, – auf die Kniee und Stühle um sich her, mit ganzer Seele sich in ihr Studium vertiefend und nicht nachlassend, als bis sie alle durchstudiert waren. Auf seine Bitte gab ihm Doles dann auch noch eine Kopie derselben.

Was da in Mozart vorging? Der Künstler erkannte den Künstler: er hätte von Vorgängern wohl einzig in Palestrina den ähnlich schöpferisch ebenbürtigen gefunden. Aber mehr noch berührte ihn tief in der Seele die Erhabenheit des Religiösen, die in diesem Geiste lebt und die ihn, den Katholiken, bei einem Protestanten nur um so mehr innerlich erfassen und erheben musste. »Dann wurde er plötzlich still, wurde bitter, trank viel starken Wein und sprach kein vernünftiges Wort mehr,« erzählt der junge *Rochlitz*, der ihn damals kennen lernte und sich später als Schriftsteller gerade über Mozart hervorgetan hat. Die Oper bot ihm hier keine Gelegenheit seine Kunst zu zeigen und für die eigene Kirche zu schreiben, hatte wenig Reiz, seit durch die Reformen Josephs II. auch die Seelenspende der Musik sogar bei einem Gottesdienst, der aus eigenster Erfordernis sich diese Kunst erschaffen hatte, auf das empfindlichste beschränkt worden war. dass er sich aber innerlich auch mit dem erhabenen Frieden dieses mächtigen Kantors berührt hatte, werden uns bald seine eigenen Kompositionen zeigen. Und hier in Leipzig sehen wir noch, dass er wenigstens die Trübheit nicht äußerlich Herr über sich werden ließ. Er speiste den letzten Abend bei Doles, die Wirte waren traurig und baten um ein Andenken von seiner Hand. Er schrieb »in höchstens 5 bis 6 Minuten« auf zwei Blättchen je einen Kanon: der eine klang in langen Noten sehr wehmütig, der andere sehr drollig. »Als man nun bemerkte,« erzählt Rochlitz, »dass sie zusammengesungen werden könnten, schrieb er unter den einen: ›Lebet wohl, wir sehn uns wieder!‹ unter den andern: ›Heult noch gar wie alte Weiber!‹ Es ist nicht zu sagen, welch lächerliche und doch tief, fast ingrimmig einschneidende Wirkung dies auf uns Alle machte, und irre ich nicht auf ihn selbst, denn mit etwas wilder Stimme rief er plötzlich ›Adieu Kinder‹ und war fort.«

Die nähere Kenntnis des »alten Bach« war aber auch der einzige dauernde Gewinn der langen weiten Reise. Friedrich Wilhelm II. hatte ihm nach seinem freimütigen Urteil über seine von J. F. *Reichardt* geführte Kapelle freilich die fernere Leitung derselben mit einem Jahrgehalt von 3000 Talern angetragen. Aber: »Soll ich meinen Kai-

ser verlassen?« darin sprach sich das ganze österreichische Heimats-
gefühl dieses Künstlers aus, dem im märkischen Sande damals gewiss
der fruchtbare Nährboden entzogen gewesen wäre. Hundert Fried-
richsdor in einer goldenen Dose und die Bestellung von drei Quartetten – denn diese Musik liebte der König, der selbst Cello spielte, am
meisten, – waren jedoch auch ein mäßiger äußerer Ertrag.

Daheim drängten ihn dann die Freunde dem Kaiser wenigstens
die Sachlage vorzutragen, denn der König von Preußen hatte seinen
Antrag ein Jahr lang offen gehalten. »Wie? Sie wollen mich verlassen?« – »Ew. Majestät, ich empfehle mich zu Gnaden, ich bleibe,« –
lautet einfach das Resultat der Audienz, und einem Freunde, der auf
eine mögliche Gehaltserhöhung anspielte, ward die bezeichnende
Antwort zuteil: »Der Teufel denke in solcher Stunde daran!« Dem
Österreicher war sein Kaiser Joseph ein Ideal, und gar damals, wo dem
edlen Herrscher die besten Absichten im eigenen Lande verketzert
wurden und Türken wie Belgier ihm gleich viel Not machten! Er, der
sich in der Tat gerade von den Seinen verlassen fühlte, sollte einen der
Besten der Seinen jetzt scheiden sehen? Das ging über die Empfindung eines Mozart. Doch ward jetzt, wohl auf Anordnung des Kaisers,
zunächst der Figaro wiederaufgenommen, für den Mozart noch die
große Arie der Gräfin in Fdur hinzuschrieb, und der Neuerfolg des
Werkes ward für den Kaiser bestimmend, ihm eine neue Oper aufzutragen, zu deren Text die leichtsinnige Wette zweier Offiziere den
Anlass gegeben haben soll: **Così fan tutte** (So machens alle oder die
Schule der Liebenden). Zwei Offiziere wetten mit einem Hagestol-
zen wegen der Treue ihrer Bräute, und wirklich gelingt es ihnen mit
Hilfe der Zofe und einiger verzweifelten Schreckmittel sie einander
gegenseitig abtrünnig zu machen, worauf sie sich schließlich mit dem
schlechten Trost bescheiden: So machens eben alle.

Von leichtfertigerem Inhalt ist nicht wohl etwas zu denken. Allein
abgesehen von dem Tone einer Zeit, der das **déluge** fühlbarst bevor-
stand und die nun noch spielend genoss, was zu genießen war, hat
Mozart hier mehr den Maskencharakter der **Opera buffa** betont und
die Sache eben nicht ernst sondern als ein Schattenspiel genommen,
das nur den Anlass und Anhalt zu dem wunderbaren Traumspiel der
Musik gab. Diese ist denn auch märchenhaft duftig, eine halb ver-

schleierte sonnig-wolkige Morgenwelt, die alles Festgestaltete noch verhüllt oder nur dämmernd durchscheinen lässt, Musik wie sie nur Mozart schreiben konnte. Aber eben der geringfügige und frivole Text hat der Oper doch rasch den Prozess gemacht und alle Wiederbelebungsversuche sind vergeblich geblieben. Erst als das Leben, das dem tiefgründenden Sinne dieses Künstlers jetzt selbst ein täuschungsvolles Wechselspiel geworden war, in einem wirklichen Märchenbild vor ihn trat, da gelang es ihm auch wieder dem Bilde den vollen Hauch höherer Wahrheit zu leihen, der vor einer so grassen, hohläugigen und durchlöcherten Wirklichkeit wie jener Offizierswette völlig flieht. Das war die *Zauberflöte*, und mit ihr nahen wir uns wie dem Ende so der höchsten Vollendung und der vollen Konzentrirung von Mozarts Wollen und Können.

Così fan tutte ward am 26. Januar 1790 gegeben und fand großen Erfolg. War das Werk doch in dem ganzen leichtgeschürzten Style der allbeliebten italienischen Musik geschrieben! Doch der es veranlasst sah es nicht mehr: Kaiser Joseph war damals bereits krank und erlag dem Kummer und Gram der letzten Regierungsjahre im Februar dieses Jahres 1790, und zwar leider ohne irgend besser für Mozart gesorgt zu haben. Es gibt in Mozarts Leben kein Jahr, das so wenig Kompositionen aufweist. Er selbst schreibt dies solcher äußersten materiellen Bedrängung zu. »Sie haben Recht, wenn Sie mich keiner Antwort würdigen, meine Zudringlichkeit ist zu groß,« muss er ebendamals beschämend genug für ihn und mehr noch für uns, die Nachlebenden, an seinen »liebsten Freund« Puchberg schreiben. »Nur bitte ich Sie meine Umstände von allen Seiten zu betrachten, meine warme Freundschaft und mein Vertrauen zu Ihnen zu bedauern und zu verzeihen.« Selbst sein Fleiß half ihm nicht: man kaufte eben seine Kompositionen nicht, sie gingen zuweit über das Auffassungsvermögen der Zeit und so verfiel seine äußere Subsistenz bald völlig. Der Hausmeister eines benachbarten Gasthauses, der Mozart manche äußere Hilfeleistung tat, fand ihn eines Frühmorgens mit Constanze im Zimmer umherwalzen: sie hatten kein Holz und wollten sich auf diese etwas seltsame Weise vor dem Frieren schützen. Künstlers Erdenwallen!

Ein Gesuch an den neuen Kaiser Leopold II. ward verfasst und dazu eine Eingabe an einen Erzherzog, deren Konzept noch vorhanden ist. »Eifer nach Ruhm, Liebe zur Tätigkeit und Überzeugung meiner Kenntnisse heißen mich es wagen um eine zweite Kapellmeisterstelle zu bitten, besonders da der sehr geschickte Kapellmeister Salieri sich nie dem Kirchenstyle gewidmet hat, ich aber von Jugend an mir diesen Styl ganz eigen gemacht habe,« heißt es da in Erinnerung an die Leipziger Thomaskirche, und der Hof hatte ja seine eigene Kirchenkapelle in der Augustinerhofkirche an der Burg. Auch bittet er wegen des »wenigen Ruhms den ihm die Welt für sein Pianofortespiel gegeben« um den Unterricht der königlichen Familie. Er machte sich dann wirklich große Hoffnung, da der Kaiser seine Bittschrift zurückbehalten hatte. Allein Glucks einstiger Gönner war Mozart nicht hold, und dann überhaupt, alles was zu Joseph II. in näherer Beziehung gestanden, hatte hier kaum einen gnädigen Blick zu erwarten.

»Nun habe ich zwei Schüler, ich möchte es gern auf acht bringen; suchen Sie es auszustreuen, dass ich Stunden annehme,« muss am 17. Mai dieses Jahres 1790 der Komponist von Figaro und Don Juan schreiben. Derweilen wurden wenigstens die drei Quartette für Friedrich Wilhelm II. fertig, und Swieten erhält wieder zwei neue Bearbeitungen Händels, das Alexanderfest und die Cäcilienode. Und als nun bei der Anwesenheit des Königs von Neapel im September 1790 auch nicht entfernt Mozarts gedacht und Salieri wie dessen Schüler *Weigl* vorgezogen wurden, war Mozart überzeugt, dass jetzt nur in der Fremde sein Glück blühe. Im Oktober sollte in Frankfurt Kaiserkrönung sein. Dorthin! Und den Mann seiner ältesten Schwägerin, den Violinspieler *Hofer*, nahm er sogleich mit, denn er zweifelte nicht an seinem Erfolge diesmal. Als Kammerkompositeur sich dem Hofe anschließen zu dürfen ward ihm nicht gewährt. So musste das Silberzeug aufs Pfandhaus wandern, damit nur erst ein Reisewagen beschafft werden konnte. Diese Kunstreise – es sollte die letzte sein, – führen uns nun wieder die Briefe an sein »liebstes bestes Herzens-Weibchen« vor: sie atmen eine tiefe Wehmut, die Schatten des letzten Endes spielen schon auch um dieses schöne lichte Siegfriedshaupt.

»Nun bin ich fest entschlossen meine Sachen hier so gut als möglich zu machen und freue mich dann herzlich wieder zu dir. Welch herrliches Leben wollen wir dann führen! Ich will arbeiten, so arbeiten, damit ich nicht wieder durch unvermutete Zufälle in so eine fatale

Lage komme«, – als wenn er nicht der Fleißigste aller Sterblichen gewesen wäre! Er »steckte« ja völlig in der Musik und war durch diese Vertiefung so zerstreut, dass er nicht einmal wagte, sich beim Essen selbst das Fleisch zu zerschneiden, aus Furcht sich zu verletzen, – dass er oft mit der zusammengedrehten Ecke einer Serviette heftig unter der Nase umherfuhr oder sonst Grimassen und Gesten machte, die seine völlige Abwesenheit in andern Welten bekundeten! Allein er war in die Hände von Wucherern gefallen, und diese »unchristlichste Classe Menschen« wie er sie nennt, wussten den in solchen pekuniären Dingen zeitlebens wenig Erfahrenen völlig zu umstricken.

Bald aber muss er sich leider überzeugen, dass auch in Frankfurt nicht viel zu »machen« ist. »Ich freue mich wie ein Kind wieder zu dir zurück,« schreibt er am 30. September 1790. »Wenn die Leute in mein Herz sehen könnten, so müsste ich mich fast schämen, es ist alles kalt für mich, eiskalt. Ja wenn du bei mir wärest, da würde ich vielleicht an dem artigen Betragen der Leute gegen mich mehr Vergnügen finden, so ist es aber leer.« Auf der Rückreise besuchte er Mainz, wo ihn Goethe's Freund *Tischbein* malte, er wollte nach Mannheim. »Der ersten Liebe goldne Zeit!« Welche Gedanken ihn dabei erfüllten? Aber war es nicht in ganz Wien bekannt, wie glücklich er mit seiner Constanze lebte, während das unglückliche Verhältnis Aloysia's zu ihrem Mann sogar in den öffentlichen Blättern besprochen wurde! Nur der damals die glänzendste Laufbahn verhieß, was war er, dass er noch so um das tägliche Brot in der Welt umherreisen musste? Dieses Gefühl erfüllte ihn selbst mit Bitterkeit, als er dann in München wegen des Königs von Neapel zum Konzert bei Hofe geladen worden war. »Eine schöne Ehre für den Wiener Hof, dass mich der König in fremden Landen hören muss!« schreibt er. Die Vernachlässigung von Seiten des Hofes trug in der Tat am meisten Schuld an seiner trüben Lebenslage.

Persönlich erheitert und erfrischt hatte ihn die Reise, in seiner materiellen Lage erleichtert aber nicht. So konnte nur ein Teil des Silbergerätes eingelöst werden und der Rest ging gar durch Mozarts zu großes Vertrauen auf einen freimaurerischen Freund ganz verloren. In dieser Zeit war der Mitleiter einer Londoner Konzertgesellschaft, J. P. *Salomon*, in Wien, um Haydn, dessen alter Fürst Esterhazy soeben gestorben war, nach London zu führen, später sollte dann Mozart folgen. Der Abschied von dem »alten Papa« war rührend, wir vernahmen oben sein tiefes Gefühl für Mozart. »Wir werden uns wohl das letzte Lebewohl in diesem Leben sagen,« sprach er mit Tränen zu dem soviel älteren Manne, der wohl eher an den eigenen Tod denken konnte. Er ahnte nur zu richtig! Haydn weinte bittere Tränen, als er ein Jahr später in London Mozarts frühen Tod erfuhr. »Die Nachwelt bekommt nicht in 100 Jahren wieder solch ein Talent,« schrieb er. Und noch viele Jahre später: »Verzeihen Sie mir, ich muss – immer weinen beim – Namen meines Mozart.«

Mozarts Seele war tief innen getroffen. Aber stets mehr richtete sich sein Sinn auf ein ewiges Sein und eine höhere Ausgleichung der Dinge dieses Lebens. War es Schuld, was ihn bei diesen Verhältnissen traf, sie wog leicht gegen das unendlich wertvolle Gut, das er selbst mit treuem Fleiß und voller Hingebung seines besten Wesens von je dem Leben geboten und stets von neuem bot. So ist es auch nur ernste Wehmut, nicht Schmerz und Klagen, was seine Seele erfüllt, und goldener Schimmer des Trostes umzieht jetzt all sein Schaffen. »Liebe! Liebe! Liebe! ist die Seele des Genies!« hatte einst ein Freund in sein Album geschrieben: jetzt fasst er selbst dies völlig im Sinne einer ewigen Liebe und erbarmenden Güte, und eine wunderbare Milde und Versöhnung umspielt alle seine Klänge. Man betrachte die beiden vierhändigen »Fantasien« in Fmoll. Sie sind in diesem letzten Winter 1790–91 »auf die sehr tätige Aneiferung eines Musikfreundes« geschrieben und zwar für ein Orgelwerk in einem Wachsfigurenkabinett, in dem ein Graf Deym seinen Landsleuten berühmte historische Persönlichkeiten vorführte, das kleinere erste zu einem »Mausoleum« des berühmten Feldmarschalls Laudon. Es ist die volle Sonnenhöhe des Mozartschen Genius, wie er sich an einem wechselvollen herben Leben vertieft und wieder an einem ewigen Besitz, dem ja auch Sebastian Bachs hehre religiöse Kunst entflossen, innerlichst erhoben hat: die Vereinigung geheiligten persönlichen Empfindens mit der Darstellung des Ewigen selbst, zu dem die Menschenseele in stiller ernster Ergebung und Gläubigkeit aufblickt. Es war Zeit, dass Mozart noch Gelegenheit wurde, diesem letzten und höchsten Empfinden der Menschenbrust auch seinerseits allumfassenden Ausdruck zu leihen. Und sie ward ihm: den bloßen äußeren Zufall lenkte ein tief innerer Drang der Notwendigkeit zu seinem Ziel, – wir stehen vor der *Zauberflöte* und dem *Requiem*, denen jene Fantasien ganz so als leuchtende Morgensterne voranziehen, wie einst das Gmollquintett dem Don Juan.

Um die Bedeutung, die diesen beiden Werken auch in Mozarts eigenem Leben zukommt, völlig zu kennen, müssen wir jedoch vorerst etwas weiter zurückschauen.

Wir kennen Mozarts inniges religiöses Gefühl, es hat sich uns bei den entsprechenden Anlässen auf das unbefangenste enthüllt. Eben so aufrichtig blieb er seiner Kirche zugetan. »Ich wünsche dir die Gnade Gottes, die dich allerorten begleite, die dich niemals verlassen wolle und niemals verlassen wird, wenn du die Schuldigkeit eines wahren katholischen Christen auszuüben beflissen bist,« hatte der Vater geschrieben, als Wolfgang auf die große Pariser Reise ging. Allein es war damals allgemeiner das Bedürfnis erwacht, auch außerhalb der Kirche die letzten Dinge zu ergründen und in ernstem Gespräche einander gegenseitig die Rätsel der eigenen Seele aufzudecken. Und dies um so mehr, als die protestantische Kirche damals in den Gegensatz von Orthodoxie und Rationalismus zerklüftet, die katholische aber im Dogma erstarrt und wieder einem fast theatralischen Tande des Kultus verfallen war, also beide Gottesdienste dem Gebildeten seine geistigen Bedürfnisse wenig befriedigen zu können schienen! Die Vereinigung der Geister führte bald zu Bünden und Orden, von denen der der *Freimaurer* die größte Bedeutung erlangte. Von den Männern, die eben unsere geistige Belebung und Veredlung im Auge hatten, gehörten *Lessing, Wieland, Herder, Goethe* diesem Orden an. Und da seine sittliche Tendenz die höchsten Tugenden des Christentums zu verwirklichen trachtete, Reinigung des Gemüts durch Selbstopfer und tätige Hilfe gegen alles was Mensch heißt, wie sollte da nicht eine Natur wie die Mozarts sogleich von allen Seiten für diese Bestrebungen eingenommen gewesen sein?

Wir finden ihn denn auch in Wien schon bald in diesem Orden, und so ernst ist ihm vor allem diese Lehre von dem heiligenden Wesen des Todes als dem »wahren Endzweck unseres Lebens« und dem Sinnbild der stets zu verwirklichenden Selbsthingabe, dass er nicht nachlässt, bis der Vater ebenfalls dem Orden beigetreten ist. Ihre gegenseitige Korrespondenz über diesen Gegenstand ist freilich von ihnen vernichtet worden. Aber Zeugnis von dem Ernst, mit dem Mozart diese erhabenen Wahrheiten des Christentums auch außerhalb der Kirche nahm, gibt uns eben die Zauberflöte, und sie entstand in folgender Weise.

Schikaneder, der schon 1780 in Salzburg den jungen Mozart für sich zu verwenden gewusst, war seit einigen Jahren in Wien und hatte ein kleines hölzernes Theater im Stahrembergischen Freihause auf der Wieden. Seine unverwüstliche Laune machte ihn zu einem guten Gesellschafter und Mozart verkehrte seit langem gern in seinem theatralischen Kreise. Jetzt war er, der schon so manchesmal als echter Theaterdirektor bald in Überfluss geschwelgt bald wieder gedarbt hatte, durch die Konkurrenz der Leopoldstädter Bühne an den Rand des Verderbens gebracht. Es war im Frühjahr 1791. Er kommt zu Mozart um eine »Zugoper«: einen passenden Stoff habe er schon, eine Zauberoper, und Mozart sei der rechte Mann die Musik dazu zu schreiben. Der k. k. Kammerkompositeur, der Komponist von Figaro und Don Juan eine Zauberoper für eine Bretterbude in der Vorstadt! – es war eine Keckheit sonder Gleichen und enthüllt den ganzen Schikaneder. Aber er kannte die Welt, kannte Mozart. Dazu die Freimaurer-Brüderschaft! Hatte doch Mozart selbst gerade dieser seine stete Hilfe bei Puchberg zu danken! Sein Weigern wich also bald der Schilderung der großen Not des schlauen Direktors. »Wenn wir ein Malheur haben, so kann ich nichts dazu, denn eine Zauberoper habe ich noch nicht komponiert,« mit diesen Worten ging Mozart auf den Plan ein und auch sofort an die Arbeit.

Als Hauptsache galt dem Possenreißer Schikaneder der Federnmann *Papageno*, der so recht die gutmütige, etwas furchtsame, launige und leichtlebige Natur des gewöhnlichen Wieners darstellen sollte. Dem Komponisten aber war das gewählte Märchenspiel als Widerschein des Lebens, wie es ihm schon seit langem vor der Seele stand, und vor allem das Liebespaar am Herzen gelegen, das hier durch herbes Schicksal getrennt einander zu um so innigerem Bunde wiederfinden sollte, und »Dies Bildnis ist bezaubernd schön« wiederholte aufs schönste und noch tiefern Seelentones voll jene ersten innigen Liebeslaute seiner Jugend. Aber auch der ideale Zauber und die Verklärung aller anderen in diesem Zauberspiel erscheinenden Mächte ist zu betonen: Mozart kennt wirklich höhere Mächte und dass sie über unserem Leben walten. Schon im Juli konnten die Proben des ersten Aktes beginnen. Denn Schikaneder hatte ihn ganz für sich zu gewinnen und an sich zu fesseln gewusst, ihm sogar das Gartenhaus im Freihofe eingeräumt und ihn stets in den heitersten Verkehr zu bringen gesucht. Stammen aus diesen Tagen die Gerüchte die Mozart selbst als einen leichtfertigen Genussmenschen darstellten, so braucht man nur die gleichzeitigen Briefe an seine Frau, die sich damals wieder wegen Krankheit im nahen Baden befand, zu lesen, um zu wissen, dass mit diesen äußeren Lustbarkeiten seine Seele nichts zu tun hatte. Aber was blieb ihm, den die große Welt verschmähte, anders als die kleine? Er war jetzt wirklich gesellschaftlich »unter das Pack gestoßen«. Und dass er obendrein mit der größten Anstrengung arbeiten musste, um mit Frau und Kind nur leben zu können, versetzte seinen ganzen Organismus in einen Krampf, den eben wieder nur Geselligkeit und Wein zu lösen vermochten. Solche höchste Steigerung und Zusammenfassung aller geistigen und physischen Potenzen, wie das künstlerische und vor allem das musikalische Schaffen sie naturgemäß mit sich bringt, führt auch notwendig zu dem Bedürfnis nach gesteigertem Genuss, und wenn es nur für Momente wäre. dass aber Schikaneder solche Momente herbeizuführen wusste, um seinerseits den Komponisten wieder ganz für seine Zwecke zu besitzen, erfahren wir aus der Nachricht, dass er nach Mozarts so jäh erfolgtem Tode umher ging und laut schrie: »Sein Geist verfolgt mich allenthalben, er steht immer vor meinen Augen!«

Aber wichtiger als diese Fragen ist, dass Mozart durch die doch immer etwas ausgelassene Existenz dieser Tage gerade auch auf das energischeste in das eigene Innere zurückgeschleudert wurde. Dahin wirkten zwei Dinge zu gleicher Zeit und mit vereinter Gewalt.

Schon im Mai dieses Jahres 1791 hatte er sich um die Stelle eines musikalischen Beigehilfen an der Stephanskirche beworben, da er sich dafür »durch seine auch im Kirchenstyle ausgebildeten Kenntnisse vor Andern fähig halten dürfe«, und schon längst wünschte er wieder auf diesem Gebiete tätig sein zu können, dessen Josephinische Beschränkung der neue Kaiser aufgehoben hatte. Jetzt kam der Auftrag zu einem *Requiem,* einer Seelenmesse, also dem Ernstesten, was der Musik sein Kultus bot, und dies unter höchst sonderbaren ja mysteriösen Verhältnissen. Ein langer hagerer graugekleideter Mann mit ernstem Gesichtsausdruck überbrachte die Bestellung in einem sehr schmeichelhaften Briefe. Mozart teilte die Sache seiner Frau mit und äußerte dabei, es verlange ihn wieder einmal in dieser Gattung seiner Kunst tätig zu sein und ein Werk auszuarbeiten, an dem Feinde wie Freunde noch nach seinem Tode studieren sollten. Dann nahm er den Antrag an und verlangte als Preis ganze – fünfzig Dukaten, ohne jedoch den Zeitpunkt der Ablieferung zu bestimmen. Der Bote kam wieder, zahlte das Geld und versprach noch eine Zulage, indem der Komponist ganz nach Stimmung und Laune schreiben, übrigens sich keine Mühe geben solle, den Besteller zu erfahren, dies werde ganz gewiss vergeblich sein.

Wir wissen nun heute, dass es ein Graf Walsegg war, der das Werk bestellte, um es als *seines* zur Todesfeier seiner Gemahlin aufführen zu lassen. Allein Mozarts Phantasie ward von diesem Geheimnisvollen erfasst, als sei hier ein Geheiß von oben. Denn schon war seine Seele ganz von den Gedanken erfüllt, die über das Leben hinaus führen. Dazu kam jener andere Umstand.

Der erste Akt der Zauberflöte war bis auf das Finale fertig, da muss Schikaneder erleben, dass gerade das Konkurrenztheater denselben Gegenstand mit dem größten Erfolg zur Aufführung bringt. Allein seine anfängliche Verzweiflung endet auch hier in guten Rat und rechte Tat: man beschließt die Spitze des Stückes umzukehren und aus dem bösen Zauberer, der die Prinzessin geraubt, die Tamino wieder holen soll, den Weisen und Menschenfreund *Sarastro* und aus der betrübten Mutter die böse »Königin der Nacht« mit ihrem Mohren und den drei schwarzen Damen zu machen. Ist nun dadurch auch eine merkliche Ungleichheit und manches Widersprechende in das Ganze gekommen, so war doch jetzt auch hier Mozarts volle innere Seele für die Sache gewonnen, und wir verdanken diesem Zufall die schönsten und ernstesten Ergüsse aus seinem Geist und Herzen. Denn es war eben die Idee der Freimaurerei, was jetzt Mittelpunkt des Werkes wurde: durch ernste Prüfung ihrer sittlichen Kraft sollen die sterblich Gebornen ihr höheres unsterbliches Teil und damit ihr Glück gewinnen. So reinigt und heiligt sich hier auch der Bund der beiden Liebenden zu jenem tieferen Lebensbunde der Ehe, die durch das Wirken in Liebe und Hingebung von aller Leidenschaft befreit und erst den ganzen Zweck und Gehalt der Liebe hervortreten lässt. Und wer hätte diese, die stets jungfräuliche Erscheinung wahrer ehelichen Liebe reiner gekostet als Mozart, der noch als solch längst verheirateter Mann gerade jetzt einen Brief mit folgenden Worten schließt: »Adieu liebe, einzige! Fang du auch auf in der Luft, es fliegen 2999 und ½ Küsse von mir, die aufs Auffangen warten. Adieu. Tausend zärtliche Küsse. Ewig Dein Mozart!«

Und gar die Gestalt des *Sarastro*! – Von allen menschlichen Erscheinungen, die in sein Leben getreten, war nächst seiner geliebten Constanze die des Vaters die tiefste und umfassendste, und dies trotz des Missverstehens und gar Misstrauenden des alternden Mannes in den letzten Jahren! Und waren nicht nach den künstlerischen gerade diese persönlichen menschlichen Erfahrungen ihm auch im wirklichen und sogar großen öffentlichen Leben sozusagen als Walter des Daseins in kenntlichster Gestaltung entgegengetreten? War nicht der Josephinismus und mit ihm die Freimaurerei ein Bild des edelsten Wollens und Waltens für rein menschliche Zwecke, das seine Phantasie sich jetzt vorstellen konnte? Dabei blieb das Religiöse völlig unberührt: seine Kirche, sein persönlicher Glaube waren ihm fest in sich abgeschlossene Dinge, deren Missbräuche wie z. B. das übermäßige Ordenswesen wohl angegriffen werden konnten, deren Kern und Wahrheit ihm jedoch über jeden Zweifel erhaben dastanden. Aber während diese letztern nach ihrem innersten Bestand in seinem Herzen jetzt in dem Requiem ebenfalls ihren geweihtesten Ausdruck fanden, konnte es nicht ausbleiben, dass diejenigen Teile der neuen Oper, die jenem höheren menschlichen Ernst angehörten, ebenfalls an dem ernstgeweihten Klang, in dem diese schöne und innig empfindende Menschenseele jetzt ertönte, ihren vollen lebendigen Anteil nahmen, so dass wir behaupten dürfen: Requiem und Zauberflöte sagen uns, was dieses Herz von Himmel und Erde wusste und empfand und dass es das Irdische vom Himmlischen verklärt und aufs tiefste befriedet wissen wollte. Der Chor »O goldne Ruhe steig' hernieder, Kehr in der Menschen Herzen wieder«, bekundet uns dies so gut wie Tamino's schmerzlich sehnsuchtsvoller Ausruf: »O ew'ge Nacht, wann wirst du schwinden? Wann wird das Licht mein Auge finden?« – es ist das »Heimweh zu Gott«, das edelste Gut der menschlichen Seele, was sich hier ausspricht.

Der Vollendung der beiden Werke türmten sich freilich zunächst bedeutende Hindernisse entgegen. Die böhmischen Stände bestellten zu Leopolds Krönung eine große Oper » Titus der Milde«. Es blieben zu dem Werke nur wenig Wochen. Mozart begab sich sofort auf die Reise, es war um Mitte August. Constanze begleitete ihn wieder. Als sie in den Wagen steigen wollten, stand der seltsame graue Bote da. Mozart beruhigte ihn, nach der Rückkehr solle das Requiem die erste Arbeit sein. Doch war es ihm wie neue Mahnung das letzte Lebenswerk nicht aufzuschieben. Denn als solches verstand er diese Seelenmesse. Und er fühlte sich bereits unwohl. Die allzu große Anstrengung in Prag – in achtzehn Tagen war der Titus geschrieben und einstudiert! – beschleunigte den raschen Verfall der ohnedies stets übermäßig angespannten Lebenskräfte. Dazu der mangelnde Erfolg des Werkes! Denn diesmal war das »Eile mit Weile« vergessen, und das eine Quintett großen dramatischen Styles im ersten Finale konnte selbst den hier gewiss nachsichtigen Pragern den Mangel eigentlich Mozartscher Kunst nicht verdecken: Titus blieb eine Opera seria, ein Arienbündel, und der gewohnte Beifall fehlte sogar in Prag. Mozart ward sehr niedergeschlagen. Er gebrauchte obendrein Arznei, sah blass aus und seine Miene war traurig. Der angeborene heitere Sinn drang freilich auch jetzt noch manchmal siegend durch. Doch flossen beim Abschied Tränen: er meinte seine Freunde wohl nicht wiederzusehen.

Um Mitte September war er wieder in Wien, es galt der Inszenirung der Zauberflöte, sie konnte die Scharte seines Ruhmes wiederauswetzen, und dann, war sie nicht jetzt auch ein Stück seiner höheren Lebensaufgabe? Denn Kaiser Leopold hatte auch den Freimaurerorden aufgehoben, und dessen nächste humane Tendenzen in jeder Weise schön ans Licht zu stellen, war jetzt schon einfache Ordenspflicht. Und welches Leuchten strahlt aus den Chören des zweiten Aktes, aus der Ouvertüre, die wie der an Idomeneo erinnernde feierliche Einleitungsmarsch desselben Aktes erst jetzt geschrieben wurden! »Durch Nacht zum Licht!« war ihm der Sinn des ganzen Werkes, dessen zufälliges Kostüm ihn nicht entfernt beirrte. Ja in eines der Stücke, die diesen ganzen Ernst sittlicher Prüfung des Herzens darstellen sollten, wob er gar einen protestantischen Choral: es ist der Gesang der »Geharnischten Männer«, und an seiner Figuration erkennt man, dass Mozart auch Bachs Kunst in sich aufgenommen. Aber auch seinen Geist tiefer Frömmigkeit und echter Tugend! Und nichts beweist so sehr, wie ernst und hoch diesem Künstler sein Beruf stand und dass es für ihn keinen abgeschlossenen Ort gab, wo allein das Ideale, das Göttliche zu lehren war. Wie die Sonne soll es allüberall walten, und die Bühne blieb ja gerade diesem Künstler der Ort, so recht aus innerstem Herzen zu seiner Nation, zu seiner Mitwelt zu reden.

Und welch ein Werk steht hier vor uns! Nie ist ein größerer Gegensatz zwischen einem idealen Kunstwerk und dem Ort und Anlass, dem es seine Entstehung verdankt, gesehen worden: die Zauberflöte, einer der Ausgangspunkte der idealsten Bestrebungen der deutschen Nation und der neueren Zeit überhaupt, und das Publikum der Bretterbude einer Wiener Vorstadt!

Freilich von den Trivialitäten und Lächerlichkeiten des Textes muss man absehen. Und doch hat selbst hier Mozarts Musik förmlich Verstand und Sinne von der zufälligen Lebensungestalt auf herrlichste Idealerscheinungen zu lenken gewusst. Und dies, obwohl ihm jener Vogelfänger Schikaneder selbst manche der jetzt so allgeliebten Melodien vorgeträllert haben soll! Denn es existiert noch ein Billetchen von ihm mit den Worten: »Lieber Wolfgang! Derweilen schicke ich dir dein Pa-Pa-Pa zurück, dass mir ziemlich recht ist, es wird's schon tun. Abends sehen wir uns bei den bewussten Beweisen. Dein Schikaneder.« Allein eine Weise wie »Bei Männern, welche Liebe fühlen« konnte später sogar einem kirchlichen Gesange untergelegt werden, – wie ideal müssen also diese Linien gehalten sein, dass die höhere sittliche Empfindung selbst durch eine so einfache Weise erregt wurde!

Ganz diesen Ton der Würde eines Herzens, das über sich selbst Herr geworden und in Weisheit und Liebe nur der Menschheit gedenkt und waltet, hat aber jener bekannteste aller ernsten Gesänge »In diesen heil'gen Hallen«, und nur dass er uns eben so bekannt und vertraut wie Luft und Licht, lässt uns vergessen, dass er wie diese ätherisch und leuchtend ist. Sarastro's Gestalt ist, was Mozart von dem tieferen Sinn

106

des Lebens erfasst hatte, Pamina der schönste Ausdruck reiner Liebe und Zärtlichkeit, Tamino jene ideale Jünglingsgestalt, die in tiefinnerer Vorahnung vom Zweck des Daseins die eigene Empfindung unter »des Lebens ernstes Führen« bändigt und darum sich und den ihm vom Schicksal Anvertrauten das Glück des Lebens auch zu sichern weiß. Man erinnere sich nur in dem Gespräch mit dem Priester seines Ausrufs »der Lieb und Tugend Eigentum!« Diese wenigen Töne sprechen in dem vollsten Ausdruck inniger Überzeugung den ganzen sittlichen Bestand von Mozarts Natur aus.

Von diesen Gestalten bis zu den hohen Helden- und sicher weiblichen Frauengestalten R. Wagners geht eine kenntliche Bahn, und nicht ohne Fug und Ursache hat Franz Liszt den »Ring des Nibelungen« die Zauberflöte unserer Tage genannt. Wagner erfüllt hier, was einst Mozart aus dem vollen Grund und Wesen unserer deutschen Natur heraus in dieser Zauberflöte von menschlichen Idealen in lichtesten aber kenntlichsten Linien angedeutet hatte. Denn auch jene hehren idealen Mächte, die uns bewegen und führen, von den bewussten Wollungen des eigenen Innern bis zu der elementaren Urgewalt, die unseren eigenen Willen bestimmt, sind hier wenn auch in zartesten Umrissen doch die ersten Züge der sichersten Charakteristik gegeben, und wie Osmin auf Fafner, so weisen die »drei Knaben«, die Tamino führen, auf die drei Rheintöchter, die Siegfried vor dem Tode warnen. Es ist das erste Mal in der Oper, dass mit solcher Rafaelischen Idealkunst dasjenige gezeichnet ist, was als Gewissen, als innerstes Wissen von dem wahren Bestande der Welt in jeder menschlichen Brust lebt und uns mit dem Gefühl eines Ewigen erfüllt. Es ist dies aber auch der eigentümliche Ton des Ganzen: es liegt wie goldener Morgenschimmer des ersten Schöpfungstages über dieser Zauberflöte.

Und dem entsprach denn auch die Aufnahme des Werkes, dessen Popularität heute wohl in keiner Nation ihres gleichen hat. Nur 30. September fand die erste Aufführung statt, Mozart selbst dirigierte. Nach der Ouvertüre war das Publikum ganz still, wer erwartete in einer Zauberoper solch feierlich anrufende Klänge? Doch da kroch *Schenk*, der spätere Komponist des »Dorfbarbiers« und Lehrer Beethovens, der nur noch im Orchester einen Platz gefunden, bis zum Dirigentenstuhle hin und küsste Mozarts Hand, der mit der andern forttaktierend ihn freundlich ansah und seine Wange streichelte: der Meister erfuhr, er war selbst hier in der Bretterbude ganz in seinem lieben Wien und Österreich. Doch war nach Schluss des ersten Aktes der Beifall ebenfalls nicht groß und Mozart soll blass und bestürzt zu Schikaneder gekommen sein, der ihn beruhigt und getröstet habe. Während des zweiten Aktes aber bemerkte auch diese bunte Menge, was hier zugleich dem innersten Menschen geboten ward. Freilich Mozart war jetzt nur mit Mühe zu bewegen auf die Bühne hervorzutreten, es hatte ihn gekränkt, dass man das Beste, was er geben konnte, so wenig zu würdigen gewusst. Allein bald durfte er doch selbst seinem »liebsten besten Weibchen« nach Baden schreiben, die Oper sei trotz des Posttages »mit ganz vollem Theater und dem gewöhnlichen Beifall« gegeben worden, und seine Empfindung für das Werk drückt der Schluss des Briefes aus: »die Stunde schlägt – leb wohl! – wir sehen uns wieder!« – es sind die Worte des unvergleichlichen Terzetts, wo Sarastro die beiden Liebenden zur Prüfung ihrer Liebe entlässt. Seinen Todfeind *Salieri* führte er nach seiner unbekümmerten Großmut selbst hinein, und dieser fand das Werk »würdig bei der größten Festlichkeit vor dem größten Monarchen aufgeführt zu werden.« Wie oft ist dies nicht seitdem geschehen! Sein eigentlicher Souverain aber bleibt das Volk, das Volk in der unbefangensten Unschuld aller seiner Regungen und der idealsten Erschauung von des Lebens Grund und Wesen. Und ihm gehört dieser ganze Mozart, ihm ist er nicht gestorben.

Denn bald schlägt uns selbst hier die Stunde des Abschieds von dieser schönen Künstler- und Menschenerscheinung.

Die Arbeit am Requiem ward jetzt nicht mehr unterbrochen, das Theater einem jüngeren Kapellmeister überlassen. Er »verschrieb« sich dabei manchmal bis gegen zwei Uhr und nachts finden wir ihn spät noch auf. Ja jenem so nahestehenden Wiener Freunde schlägt er den Musikunterricht für eine Dame ab: er habe eine Arbeit unter Händen, welche dringend sei und ihm sehr am Herzen liege; bis diese vollendet sei, könne er an nichts anderes denken. Schon während der Arbeit an jenen letzten Stücken der Zauberflöte wie dem Marsch und dem Chor »O Isis und Osiris« war er zuweilen erschöpft auf den Stuhl zurückgesunken und von kurzen Ohnmachten befallen worden, – sein ganzes

Innere arbeitete daran mit. Noch weniger achtete er der körperlichen Erschöpfung jetzt, wo es galt unmittelbar und am heiligen Orte selbst seiner Empfindung des Ewigen ein würdiges Denkmal zu setzen. Und diese Schrecken der Schuld waren ihm ernst, er kannte sie, wenn auch nur als Schwachheit. Aber eben so kannte er und noch unendlich tiefer die vergebende Liebe, die der Lebensgrund seiner eigenen Seele war! Das gewaltige christlich-mittelalterliche Gedicht des **Dies irae** regte dazu seine ganze Phantasie an: er wollte der Welt zeigen, was ihr schmerzlich tragischer Inhalt und was ihre beseligende Versöhnung ist. Nie gewiss ist aufrichtiger der religiöse Ausdruck der Seelenmesse künstlerisch gewollt worden. dass nur einzelne Momente auch diesem tiefen religiösen Sinne so völlig entsprechen, wie wir dies bei Mozarts weltlichen Kompositionen für den ihnen eigenen Inhalt empfinden, davon ist der Grund eben seine zu lange und zu ausschließliche Beschäftigung mit der Oper, deren ganzer Ton, wie wir oben sahen, außerdem selbst der jetzt herrschenden Musik dieses Kultus nicht fremd war. Aber diese Momente selbst, vor allem die erschütternden Akkorde des menschlichen Schuldbewusstseins und das »Gedenke gnädig meines Endes!« am Schluss des **Confutatis**, sodann die rührende Bitte um liebendes Erbarmen im **Lacrimosa**, – diese Momente entsprachen der vollen religiösen Empfindung ihres Erschaffers wie seinem unübertroffenen künstlerischen Können. Und dies machte eben ihm selbst das Werk so innig lieb: es war sein Schmerzenskind, ja sein Todeslied. Und wenn die Kunst auf diesem Gebiete später eigene und ganz andersgeartete Bahnen zu wandeln hatte, die Sprache des gotterfüllten Herzens und des reinsten Vertrauens auf die ewige Liebe und göttliche Gnade ist doch auch immer in diesem Requiem zu vernehmen, ja sie ist ihr eigenster Hall.

Wir kommen rasch zu Ende: das »Zügenglöcklein« läutet schon, und wehmutsvoll ist dieses letzte Bild in einem Künstlerleben, wie die Welt nur je eines so reich und glänzend erblickte.

Constanze sah der wachsenden Hinfälligkeit und Schwermut ihres geliebten Mannes mit wachsender Sorge zu. Sie suchte ihn mit allen Mitteln von der Arbeit zu entfernen und dann durch Gesellschaft zu erheitern. Aber der sonst so Gesellige blieb in sich gekehrt und niedergedrückt und gab nur zerstreute Antworten. Sie fuhr mit ihm ins

Freie. Hatte doch von je die Natur auf ihn so befreiend und erheiternd gewirkt, dass gerade auf der Reise er stets am fruchtbarsten schuf und sein »Portefeuille«, wie er die Ledermappe mit Notenpapier in der Seitentasche des Wagens nannte, nah zur Hand sein musste! So waren sie auch an einem schönen Novembertage miteinander im Prater, und die ersterbende Natur, das Fallen des Laubes mochte um so eher auf Gedanken des Endes der Dinge führen. Mozart begann vom Tode zu sprechen und sagte mit Tränen im Auge: »Ich weiß wohl, das Requiem schreibe ich für mich. Ich fühle mich zu sehr. Gewiss hat man mir Gift gegeben, ich kann mich von diesem Gedanken nicht befreien.« Die völlige Erschlaffung ohne bemerkbaren äußeren Grund konnte ihn leicht auf solchen Argwohn bringen. Wie vermochte er selbst sich vorzustellen, dass seine Kraft eben durch geistige Arbeit aufgezehrt war! Und dann, hatte nicht seit Jahren Sorge und Gram an seinem Leben genagt?

Constanze war aufs äußerste erschreckt und wusste es jetzt dahin zu bringen, dass er ihr die Partitur des Requiems abgab. Auch zog sie den Arzt zu Rate, und die anempfohlene Ruhe wirkte denn auch bald so günstig, dass er am 15. November für eine neubegründete Loge die Kantate »Das Lob der Freundschaft« zu schreiben und kurz darauf selbst zu dirigieren vermochte. Der Erfolg des Werkes, aus dem eine zu ruhiger Heiterkeit erhobene Stimmung spricht, erfrischte und erhob ihn selbst wieder: er erklärte die Giftgedanken jetzt für Ausgeburt seines Unwohlseins und verlangte das Requiem zurück. Allein nach wenig Tagen befiel ihn die trübe Stimmung von neuem und seine Kräfte schwanden. »Ich fühle, dass es bald ausmusiziert sein wird,« sagte er eines Tages in der »Silbernen Schlange« zu dem getreuen Hausmeister, der ihn einst mit Constanze im Zimmer umhertanzend gefunden, gab ihm seinen Wein hin und bestellte ihn auf den andern Morgen zu einer Besorgung. Aber schon an der Türe empfing diesen dann die Magd mit der Nachricht der heftigen Erkrankung ihres Herrn über Nacht, und Mozart selbst sah ihn aus seinem Bette starr an und sagte: »Joseph, heute ist's nichts, wir haben heute zu tun mit Doktors und Apothekers.«

Er verließ das Bette nicht mehr, und bald traten schlimmere Symptome auf. Die Besinnung schwand keinen Augenblick, eben so wenig seine liebenswürdige Milde und Güte. Aber tiefe Wehmut zog um

Frau und Kinder in sein Herz. Gerade jetzt waren bessere Aussichten für ihn eingetreten: der ungarische Adel und reiche Amsterdamer Musikfreunde verlangten gegen alljährliches bedeutendes Honorar Kompositionen von ihm. Und dann der Erfolg der Zauberflöte! So nimmt er denn auch an diesem den regsten Anteil. »Jetzt ist der erste Akt aus! – Jetzt ist die Stelle: Dir, große Königin der Nacht!« sagte er wohl abends mit der Uhr neben sich, und noch am Tage vor seinem Tode äußerte er: »Constanze, könnte ich doch noch einmal meine Zauberflöte hören!« und summte dabei mit kaum vernehmbarer Stimme den »Vogelfänger«.

Aber noch mehr lag ihm das Requiem am Herzen, dessen Hauptzüge soweit skizziert waren, dass sie sein Schüler Süßmayr, der auch die Rezitative zum Titus geschrieben hatte, später auszuführen vermochte. Noch am Nachmittag vor der letzten Nacht seines Lebens ließ er sich die Partitur ans Bett bringen. Der Tamino von Schikaneders Truppe nahm den Sopran, Sarastro den Bass, Schwager Hofer den Tenor und Mozart wie gewöhnlich den Alt. So waren sie durch die sechs Sätze bis zu jenem Lacrimosa gelangt, als Mozart plötzlich zu weinen anfing und die Partitur beiseite legte: die Vorstellung des herannahenden Endes und der allerbarmenden ewigen Liebe erfüllten sein Herz mit jener unsagbaren Empfindung, die es wehmutvoll beseligt überquellen macht. Wir fühlen dies deutlich aus den unnennbar mild versöhnenden Tönen, womit Mozart jenen Tränentag, an dem die ewige Gnade und Güte die ewige Schuld des Menschen auszugleichen hat, in diesem Satze des Werkes dargestellt hat.

Am Abend kam seine Schwägerin *Sophie*. »Ach gut, liebe Sophie, dass Sie da sind. Sie müssen heute Nacht dableiben, Sie müssen mich sterben sehen.« Und als sie ihm abwehrend entgegnete, sagte er: »Ich habe ja schon den Todesgeschmack auf der Zunge, ich rieche den Tod und wer wird dann meiner liebsten Constanze beistehen?« Constanze bat sie darauf einen Geistlichen zu holen, aber es kostete viel Mühe, einen solchen zu bewegen. War der Kranke doch Freimaurer und dieser Orden allerdings zugleich gegen mancherlei Institutionen der Kirche gerichtet.

Als sie zurückkam, fand sie Süßmayr an seinem Bette: Mozart setzte ihm die weitere Ausarbeitung des Requiems auseinander. »Habe ich es nicht gesagt, dass ich es für mich schreibe?« sagte er dabei. Am Abend trat die letzte Krisis ein. Kalte Umschläge auf den glühenden Kopf erschütterten ihn so, dass er nicht mehr zum Bewusstsein kam. »Sein Letztes war noch, wie er mit seinem Munde die Pauken in seinem Requiem ausdrücken wollte, das höre ich noch jetzt,« schreibt 85 Jahre später die Schwägerin Sophie. Gegen Mitternacht richtete er sich auf, seine Augen waren starr. Dann wandte er das Haupt gegen die Wand und schien einzuschlummern. Um ein Uhr morgens, es war *der 5. Dezember 1791*, war er verschieden.

»Wie grenzenlos elend seine treue Gattin sich auf ihre Kniee warf und den Allmächtigen um seinen Beistand anrief, ist mir unmöglich zu beschreiben,« sagt unser letzter Bericht. Sie warf sich in sein Bett, um an der gleichen Krankheit zu sterben. Als wenn der Grund dieses Todes eine zufällige Krankheit gewesen wäre! Wie denn auch die drei ärztlichen Gutachten jedes eine verschiedene Angabe über die Ursache dieses frühen Sterbens machten: Gehirnentzündung, Frieselfieber, Wassersucht!

Schaarenweise gingen die Menschen um das Haus in der Rauhensteingasse, wo die Wohnung war, und weinten laut. »Wo er so oft in armer Wittwen Hütten die ungezählte Gabe trug,« heißt es in dem Trauergedichte des Freimaurerordens auf ihn. Der Besitzer des Kunstkabinetts, für den jene beiden Fantasien in Fmoll geschrieben, kam und »drückte sein bleiches erstorbenes Gesicht in Gyps ab«: die beiden erhabenen instrumentalen Traueroden konnten jetzt zu seinem eigenen Mausoleum dienen.

Für das Begräbnis sorgte van Swieten. Doch da sich nur 60 Gulden im Nachlass vorfanden, ward ein allgemeines Grab genommen und so wissen wir heute nicht, wo Mozarts Grabesstätte sich befindet. Denn als die erkrankte Constanze später auf den Kirchhof geht, ist ein anderer Totengräber da, der die Stelle nicht mehr anzugeben vermochte. Auch folgte kein Freund der Bahre bis zum Kirchhof, sie kehrten des schlechten Wetters wegen am Tore um. Der Schädel Mozarts dagegen ist gerettet und befindet sich in Wien: der Sohn des Wärters des Friedhofes hatte ihn heimlich aus dem Grabe wieder hervorgeholt.

Den Abschied von dieser trotz allem Trüben dennoch lichten Künstlererscheinung möge ein Billet aus diesen letzten Tagen bilden, das die milde Gefasstheit Mozarts in seiner letzten Lebenszeit deutlich redend schildert.

»Geehrtester Herr,« entgegnet er hier dem Warnungsrufe eines Freundes, – das italienisch verfasste Autograph befindet sich in London, – »ich würde gern Ihrem Rate folgen, allein wie es machen? Mein Kopf ist verwirrt, ich sammle mich mit Mühe und kann das Bild dieses Unbekannten nicht von meinen Augen fortbringen. Ich sehe ihn fortwährend, er bittet, er drängt mich und verlangt mit Ungeduld das Werk. Ich arbeite weiter, weil die Arbeit mich weniger erschöpft als die Muße. Sonst habe ich nichts mehr zu fürchten. Ich merke an dem wie ich mich fühle, dass die Stunde schlägt. Ich bin im Bereich des Todes. Ich bin zu Ende gekommen, ehe ich mich meines Talentes gefreut habe. Das Leben war aber dennoch so schön! Die Bahn eröffnete sich unter so glücklichen Auspizien, aber man kann sein Geschick nicht ändern. Keiner bestimmt seine Tage, man muss sich ergeben, es geht wie die Vorsehung will.« –

»Wir wandeln durch des Tones Macht
Froh durch des Todes düstere Nacht,«

so singt ernst und feierlich das so innig beseelte und ideal verklärte Liebespaar in der Zauberflöte, die Mozarts eigenstes Seelenbekenntnis war: es ist das Sinnbild des neuen tiefen Lebensstromes, der der Menschheit in der Musik entquollen ist, und Mozart war bis zum letzten Atemzuge ein geweihter Priester seiner reinigenden und heiligenden Fluten. Seine Schöpfungen werden leben, so lange die Menschheit an dem Leben ihrer eigenen Seele haftet und höhere Nahrung in ihm sucht.

Ende.